Panikattacken &
Angststörungen müssen nicht sein!

Wie ihre Denkweise hilft,
den Tyrannen der Angst- und Panikstörung zu besiegen

von

Marc Netzer

&

Alexandra Josephine Südlauer-Heyer

Hinweis

Alle Tipps sind in sehr enger Zusammenarbeit mit einem Neurologen und Psychologen ausgewählt worden. Diese Tipps sind erprobt und werden in der Psychotherapie erfolgreich angewendet!

Haftungsausschluss

Die Ratschläge in diesem Buch sind sorgfältig erwogen und geprüft. Dieses Buch dient nicht als Therapieersatz oder einen kompetenten medizinischen Rat. Alle Angaben in diesem Buch erfolgen daher ohne jegliche Gewährleistung und Garantie seitens des Autors.

Eine Haftung des Autors und seiner Beauftragten für Personen-, Sach- und Vermögensschäden ist ausgeschlossen.

Copyright

Inhaltsverzeichnis

Vorwort

Vielen Dank für den Kauf meines Buches. Sie haben den Anfang gemacht, eine zielgerichtete Entscheidung getroffen.

Dieses Buch dient nicht als Therapieersatz, sondern zeigt Ihnen Wege auf, wie Sie sich selbst von Ihrer Angststörung befreien können. Sei es in Begleitung mit einer konventionellen Therapie oder auch ganz von allein. Ihnen wird das ein oder andere vielleicht auch bekannt vorkommen und/oder Ihnen neue Ansichtsweisen vermitteln, damit Sie sich noch besser kennenlernen.

Sie befinden sich im Moment an einer Stelle in Ihrem Leben, wo Sie sich nach einer Veränderung sehnen, einer Veränderung, die dazu führt, dass Sie ohne Angst und Panikattacken leben. Wenn Sie die Angst kennenlernen und verstehen, wissen Sie, dass die gesunde Grundangst uns überhaupt am Leben erhält. Nicht nur Sie, mich, sondern unsere ganze Spezies Mensch, einfach alle Lebewesen.

Falls diese Angst jedoch krankhaft wird, also Angst vor der Angst (sog. Phobophobie) entsteht und dazu noch Panikattacken kommen, dann wird es höchste Zeit sehr aufmerksam zu sein! Die Angst vor der Angst hat uns nämlich etwas Wichtiges mitzuteilen. Die Angststörung sendet uns mit Panikattacken eindeutige Signale, die wir aber nicht wahrnehmen können, da unser Fokus darauf ausgerichtet ist, diese schlimmen Panikattacken zu bekämpfen und zu vermeiden. Daher gehe ich einen Schritt weiter! Ich möchte, dass Sie, Ihre Ursachen der Angststörung finden, um diese dann anschließend ablegen zu können, Sie zu verbannen.

In dem Moment, wo wir an einer Angststörung erkranken, werden wir zum Sklaven unseres eigenen Lebens, zur Marionette unseres Seins. Statt rational zu leben und das wundervolle Leben zu genießen, handeln wir irrational.

Denken Sie bitte nicht, dass Menschen, die nicht von einer Angststörung betroffen sind, frei von Ängsten sind. Das ist ein

Trugschluss. Jeder Mensch, sowie auch jedes Tier hat Ängste, denn - wie vorhin erwähnt - sichert die gesunde Angst das Überleben aller.

Stellen Sie sich einmal vor, vor Ihnen steht ein Säbelzahntiger. Für den Fall, dass Sie keine Angst hätten und er einen großen Hunger verspürt, würden Sie auch schon in diesem Moment angefallen und gefressen werden. Der Säbelzahntiger frisst uns nicht, weil er Spaß am Töten hat, sondern weil er seinen Hunger stillen muss. Um zu überleben, herrscht in der Natur das Gesetz von „Fressen und Gefressen werden". Nur gut, dass wir wissen, dass es keinen Säbelzahntiger mehr gibt. Daher brauchen wir vor diesem Tier auch keine Angst haben. Damit unser Geist und Körper optimal arbeiten können, ist es wichtig, dass wir unser Essen genießen, denn was passiert nach einem geschmackvollen Essen mit Ihnen, außer, dass Sie sich satt fühlen?

Unser Körper und unser Geist fühlen sich gesättigt und wir fühlen uns in dem Moment ausgeglichen und wohl. Unser Körper ist gestärkt für die nächste Herausforderung des Alltags.

Wenn wir nicht essen, werden wir Menschen nervös und gereizt; je nach Extremsituation, würden wir alle Skrupel verlieren und uns notfalls mit aller Gewalt Nahrung besorgen. Denn wir wissen, dass wir ohne Nahrung nur einen bestimmten Zeitraum überleben können. So machte es auch der Säbelzahntiger. Nach Tagen ohne Nahrung musste er auf die Jagd gehen, wenn er überleben wollte.

Unser Körper und gesunder Geist sind immer auf Überleben programmiert. Wir würden alles darum geben, damit es auch so bleibt. Dadurch sind wir mutig, überschreiten Grenzen und sichern somit unsere Existenz. Ja, wir werden sogar so mutig, dass wir unsere Angst selbst vor extremsten Situationen komplett verlieren. Wir sind so fokussiert auf unser Überleben, dass alles, was unmittelbar neben uns geschieht, nicht wahrgenommen wird. Alles geschieht dann wie in Trance und wir handeln rational und effektiv.

In einer normalen, alltäglichen Situation würden wir niemals auf die Idee kommen, einen anderen Menschen aufgrund von Nahrungsmitteln zu überfallen. Es besteht einfach kein Bedarf und keine Notwendigkeit dieses zu tun. Unser soziales, natürliches Verhalten verbittet uns dies einfach, solange wir nicht einer Extremsituation ausgesetzt sind.

Jeder Mensch ist ein Unikat und jeder einzelne Mensch besteht aus Mut und Feigheit.

Wenn die Angststörung, also eine ernstzunehmende psychische

Erkrankung, uns befallen hat, reagieren wir in vielen Momenten nicht mehr rational, sondern irrational. Wir erkennen uns selber nicht mehr in diesen Situationen und werden somit zum Sklaven unseres eigenen Seins. Teilweise erkennen wir sogar die Sinnlosigkeit unseres Handelns, sind aber von der Angst so stark eingenommen, dass wir uns ihr nicht entziehen können.

Wir müssen lernen, dass der Mutige und der Feigling alle dieselben Ängste besitzen. Während sich der Mutige seinen Ängsten stellt, werden diese vom Feigling einfach akzeptiert, auch wenn er sich gerne von dieser Angststörung befreien möchte. Er hat Angst vor der Angst, der Mutige hat auch Angst vor der Angst, aber er stellt sich ihr unweigerlich in den Weg. Wie ein Fels in der Brandung.

Dieses Buch wird Sie Schritt für Schritt zu einer neuen Lebensqualität führen. Auch wenn es für Sie zum jetzigen Zeitpunkt noch unglaublich klingen mag. Vergessen Sie nicht, erst, wenn Sie verstehen was eine krankhafte Angst ist und Sie lernen, diese zu einer gesunden Grundfurcht umzuwandeln, werden Sie ein zufriedenes und glückliches Leben führen können.

Wenn Sie lernen, verstehen und es verinnerlicht haben, können sie sich von ihrer Angststörung befreien oder zumindest soweit in In Griff zu bekommen, dass Sie keine Rolle mehr in Ihrem Leben spielt.

Dieses Buch wird Sie nicht davon befreien, denn Sie werden es selbst können. Sehen Sie dieses Buch einfach als eine Art Navigationsgerät, das Sie zu ihrem Ziel bringt. Es kann passieren, dass Sie vielleicht mal eine Ausfahrt zu früh oder zu spät nehmen, aber das Navigationsgerät bringt Sie wieder auf ihren richtigen und direkten Weg, selbst wenn Sie von Ihrem Weg mal abgekommen sind.

Es ist kein medizinisches Buch; ich erkläre Ihnen nicht die medizinischen Zusammenhänge, sondern ich fokussiere mich auf Ihr Ziel! Ich erkläre Ihnen, was mit Ihnen geschieht und ich konzentriere mich darauf, dass Sie selbst die Ursache erkennen können. Dafür müssen Sie aber auch mitarbeiten. Ohne Ihre aktive Mitarbeit geht es einfach nicht. Ich kann nicht mit den Fingern schnippen und Ihre Angststörung ist weg.

In meinen Seminaren wird mir des Öfteren zugetragen, dass Menschen unglaublich viele Soforthilfen bekommen, wie man eine Panikattacke stoppen kann. Es ist sehr lobenswert, dass man mit wenigen Kniffs und Tricks eine Panikattacke stoppen kann. Auch Sie werden in diesem Buch zahlreiche Tipps bekommen, wie Sie eine aufkommende Panikattacke im Keim ersticken können. Es löst aber nicht das eigentliche Problem, die Ursache, weshalb die Panikattacken überhaupt aufkommen.

Aufgrund der Erzählungen meiner Klienten, wird sich eben nicht mit der Ursachenforschung genügend auseinandergesetzt. Denn jeder Mensch, der unter Angst- und Panikattacken leidet, hat sein „eigenes" Fass zum Überlaufen gebracht.

Wie bereits eben erwähnt, gehen wir der Ursache für die krankhafte Angst auf den Grund. Dies kann jedoch nur geschehen, wenn Sie aktiv mitarbeiten und bereit sind sich zu öffnen. So lernen Sie, sich Schritt für Schritt von Ihrer Angststörung zu befreien.

Seien Sie mutig und, wenn Sie noch nicht mutig genug sind, werden Sie es Seite für Seite werden, bis Sie sich Ihrer Angststörung stellen, ohne, dass Sie es überhaupt bewusst wahrnehmen und erkennen, welche Fortschritte Sie schon am Anfang machen werden.

P.S.:

Im weiteren Verlauf dieses Buches werde ich Sie mit einem vertrauensvollen „Du" ansprechen, weil unser Unterbewusstsein das formale „Sie" nicht kennt. Das Wort „Sie" ist für unser Unterbewusstsein neutral und es kann mit dem Wort nichts anfangen, noch fühlt es sich davon angesprochen.

Es gibt nicht für jeden Menschen die <u>eine</u> oder die <u>beste</u> Methode. Im Coaching und mit Hilfe dieses Buches findest Du sehr viel über Dich heraus und wirst Dir einen eigenen Weg ebnen. Du bestimmst, welchen Weg Du gehen möchtest. Du alleine entscheidest über Dein Leben.

Wichtiger Hinweis!

Während Du dieses Buch nun Stück für Stück liest, werde ich bestimmte Wörter und Sätze immer wiederholen, denn dieses Buch wird sich fest in Deinem Unterbewusstsein verankern und von jeder gelesenen Seite wirst Du eine leichte bis deutliche Besserung spüren.

Deshalb ist Folgendes wichtig:

Lese lieber pro Tag nur ein paar Seiten und schließe danach für einige Zeit Deine Augen, lasse die gelesenen Seiten noch einmal gedanklich vorüberziehen und sauge sie bildlich auf.

Ich schreibe bewusst nicht, dass wir gegen diese Störung ankämpfen, denn ein Kampf wird von unserem Unterbewusstsein als Schwerstarbeit abgetan, eben, weil ein Kampf auch verloren werden kann. Du siehst, mit einer Negativeinstellung wird es nicht gehen. Ich möchte, dass Du ohne ein Risiko Dich selbst besser kennenlernst und Dich dementsprechend selbst und bestimmt befreist. Sicherlich wird es hier und dort eine Herausforderung, dennoch wird Dir nach und nach die Angst- und Panikstörung, im wahrsten Sinne des Wortes, egal werden.

Sie wird Dich einfach nicht mehr belästigen.

Der Titel „Der Tyrann in Dir" wurde ganz bewusst von mir gewählt, weil die meisten betroffenen sich bewusst sind, dass es immer einen Auslöser, einen Grund für eine Angststörung gibt, aber die eigentliche Ursache noch nicht gefunden haben. Somit kommt es den meisten vor, als würde in uns noch eine „weitere Person" leben, also der Tyrann.

Sie sind verzweifelt, weil sie einfach nervlich nicht mehr können, weil sie kein selbstbestimmtes Leben führen können. Aufgrund der Angststörung in allen Lebenslagen, unterwerfen wir uns diesem Tyrannen und lassen uns von ihm beherrschen. Du findest einige Übungen und Aufgaben in diesem Buch, die Dich eventuell denken lassen, ob es mir damit wirklich ernst ist.

Ich bitte Dich dennoch, jeden einzelnen dieser Schritte und die Aufgaben zu befolgen und spätestens, wenn Du am Ende dieses Buches angelangt bist, verstehst Du, wofür es gut war. Arbeite bitte so intensiv mit, wie Du nur kannst.

Du wirst gute Tage haben, an denen Du große Fortschritte machen wirst und auch weniger gute Tage, wo es vielleicht auch im ersten Moment den Anschein hat, Du würdest auf der Stelle stehen.

Aber vergiss nicht, der Weg ist das Ziel.

Du wirst es schaffen, ich bin davon überzeugt.

Wahre Worte

Du kennst es sicherlich, dass Du alles Mögliche versuchst, um Dich von Deiner Angst zu befreien. Du hast wahrscheinlich mit meinem Buch nicht das erste dieser Art gekauft, oder?

Ich weiß aus eigener Erfahrung, was es für eine Höllenqual ist, sich mit einer Angststörung durch das Leben zu schlagen. Ich kann Dir sagen, man kann sie beseitigen, sie loswerden, sie vernichten oder zumindest soweit lindern, dass sie für Dich keine Rolle mehr spielt!

Klingt unglaublich, oder?

Vielleicht kennst Du es sogar, je mehr Du gegen die Angst ankämpfst, umso schlimmer wird alles. Du denkst, es ist ein Kampf um Leben und Tod. Wir wollen alle angstfrei leben, Du und ich und alle anderen Menschen auf dieser Welt auch. Unser Ziel ist es, endlich frei zu sein und keine Höllenqualen zu erleiden. Freiheit bedeutet auch, kein Sklave seiner Angst zu sein und keinen Tyrannen in sich zu haben, der Dein Leben bestimmt.

Egal was Du tust, Du fühlst Dich während einer Panikattacke total unsicher und Du kämpfst um dein Leben. Körperlich tust Du es auch, nur, dass es nicht real ist. Die körperlichen Symptome sind allerdings real.

In dieser Ausnahmesituation ist der Mensch nicht fähig, ohne vorherige Kenntnisse über Panikattacken zu erlangen, zwischen einer realen und einer nicht realen Gefahr zu unterscheiden, um dann die Situation richtig bewerten zu können. Denn Du wirst kaum, bis kein Verständnis dafür haben, was Dein Körper mit dir in dieser Situation macht und fühlst Dich verständlicherweise der Panikattacke hilflos ausgeliefert. Eben, weil Du Dich so ausgeliefert fühlst, wird die Angst immer stärker und schmerzvoller.

Diese Pein und Qual möchtest Du endlich loswerden. Deswegen kämpfst Du dagegen an, wie David gegen Goliath, nur, dass Du der kleine David bist. Du wirst aber nicht das Glück haben, wie der kleine David und einen Zufallstreffer landen, um Deinen Tyrannen damit auszuschalten, denn die Angststörung ist kein Riese, der Dir gegenübersteht oder in Dir lebt. Vielmehr ist sie die Perfektion in Person.

Denn Angst zu haben und zu fühlen ist für uns Menschen überlebenswichtig. Sie ist unser Rettungsschirm in Notsituationen und sichert uns damit das Überleben. Wenn Du anfängst dagegen zu kämpfen, wirst Du elendig daran zugrunde gehen. Noch mehr als jetzt. Du wirst noch mehr leiden und die Abstände zwischen den Angstattacken werden immer kürzer und diese immer stärker. Und von Mal zu Mal wirst Du leider erkennen müssen, dass dieser Tyrann stärker wird. Dieser Teufelskreislauf wird dazu führen, dass eventuell noch andere psychosomatische Störungen und körperliche Leiden auftreten können, bis hin zu einer schweren Depression und einer völligen Selbstaufgabe.

So befinden wir uns in einem Kampf, wofür unsere Kondition mit aller Wahrscheinlichkeit nicht ausreichen wird und wir einfach oder früher unseren Tyrannen gegenüber resignieren, kapitulieren und uns völlig unterwerfen. Alles das, ist nicht das, was Du möchtest und was auch nicht sein darf.

Es mag sicherlich die eine oder andere Ausnahme geben, die Dir in diesem Moment aber nicht hilft und daher werde ich nicht näher darauf eingehen.

Mit diesem Buch werde ich dafür sorgen, dass Du Deine Angststörung aus einem anderen Blickwinkel betrachtest, ja, sogar dafür Verständnis gewinnst, denn sie möchte Dir damit etwas mitteilen. Sie möchte Dir mitteilen „Junge achte mehr auf Dich. Achte darauf wie Du lebst und liebst!"

Wie lebst Du?

Bist Du authentisch?

Wie ehrlich bist Du zu Dir selber?

Wie groß ist deine Selbstliebe, also wie sehr liebst du Dich selbst?

Wie sehr achtest Du auf Dich?

Wie oft kannst Du „Nein" sagen?

Was ist für Dich wirklich wichtig?

Stellst Du Deine Interessen immer hinter anderen an?

Wie sehr verstellst Du Dich, nur um anderen zu gefallen?

Was erwartest Du vom Leben?

Was sind Deine Träume?

Was möchtest Du wirklich?

Wer bist Du?

Wenn wir in der Menschheitsgeschichte zurückblicken und die uns bekannten Feldherren einmal unter die Lupe nehmen, die es in der Geschichte gab, hatten alle Feldherren immer denselben Ablauf und die nötige MACHT, warum diese so erfolgreich waren und sogar über Jahrzehnte und Jahrhunderte regierten. Alle hatten jedoch eine Gemeinsamkeit, sie waren Tyrannen.

Tyrannen leben von der Unterdrückung des Volkes, um ihre eigene Macht stets aufrecht erhalten zu können. Sie bringen sehr viel Leid und gehen über Leichen. Skrupellos und ohne Mitgefühl zur Menschheit. Eiskalt handeln sie. Sie sind egoistisch und haben einen Elitestamm von Beratern und Unterstützern in Ihrem kleinen Regierungskreis und es ist für aussenstehende fast unmöglich auch nur im geringsten an ihn heranzukommen.

Jeder Mensch, der unter einem Tyrannen leben muss, lernt den Umgang mit ihm. Du hast also die Möglichkeit Deinen Tyrannen (Angststörung) kennenzulernen und ihn zu studieren. Genau das ist es, was Du als Erstes erlernst, dass Du Dich mit deiner Angststörung (Tyrannen) verbündest.

Heiße sie willkommen, wenn die Angst Dich überfällt. Begrüße sie, Du wirst sehen, allein dieser kleine Schachzug wird die nächste Attacke nicht so gewaltig werden lassen, wie die vorherigen. Setze einfach ein freundliches Gesicht auf, sei ausnahmsweise einmal scheinheilig und begrüße sie mit den Worten: „Schön, dass du da bist!"

Es umzusetzen, kostet Kraft, es aber nicht umzusetzen wäre das Gleiche, als würdest Du als Sklave Deiner Angststörung sagen, „Hey, ich habe jetzt Lust gequält zu werden." Das ist doch Quatsch, oder?

Du kannst nur gewinnen!

Gehst Du es nicht an, ändert sich nichts und alles bleibt so wie es ist. Gehst Du es an, besteht die sehr, sehr große Möglichkeit, dass Du Deine Angst bald los bist.

Ein Sklave, der seinen Tyrannen etwas kennt, weiß, wie er handeln muss, damit er eben nicht leiden muss. Er beobachtet, lernt und versteht es ganz genau, wie er seinen Tyrannen nehmen muss. Der Sklave verhält sich bedacht und sehr schlau, auch wenn er noch so groß und stark ist wie zehn Mann. Er wird Wege und Mittel finden, der Pein und Qual aus dem Weg zu gehen und gewinnt dadurch ein gewisses Vertrauen seines Tyrannen. Er weiß, wie er seinen Tyrannen steuern kann und, wie er ihn zu nehmen hat.

Er „freundet" sich mit ihm an, er „akzeptiert" ihn, damit er nicht leiden muss. Er wartet aber sein ganzes Leben lang darauf, seinem Tyrannen kräftig in den Hintern zu treten.

Stell dir vor, Du bist dieser Sklave und die Angststörung ist Dein Tyrann. Seite für Seite, wirst Du Dich von der Sklaverei und Deinem Tyrannen lossagen. Du findest diesen optimalen Weg für Dich, um wieder am normalen Leben teilzuhaben. Ich zeige Dir, wie Du erfolgreich wirst, so dass Du Dich wie NEUGEBOREN fühlst.

Stell Dir einmal vor, Du besitzt ein Zweifamilienhaus, im Erdgeschoß wohnst Du und im Obergeschoß der Tyrann.

Dieser Tyrann hat es sich wunderschön und gemütlich eingerichtet und lebt in Deiner Wohnung mit allem Saus und Braus, den man sich nur vorstellen kann. Er fühlt sich richtig wohl in Deiner Wohnung.

Der Tyrann kommt aber nur gelegentlich nach Hause und das nur, um Dich zu ärgern, Dich Höllenqualen auszusetzen und, wenn er erfolgreich war, verlässt er seine Wohnung wieder und kommt irgendwann wieder, wenn er Lust verspürt, Dich wieder zu quälen. Allerdings kommt er nur, wenn er der Meinung ist, dass etwas nicht stimmt mit Dir und es ihm dann eine Freude macht Dich zu richten und zu maßregeln.

Was für ein Arschl…., oder?

Diese Zeit, wo er sich nicht in seiner Wohnung befindet, nicht in Deinem Zweifamilienhaus, diese Zeit solltest Du sinnvoll nutzen. Denk daran, Du bist der Vermieter, Du hast einen Zweitschlüssel für diese Wohnung, nutze ihn. Jedes Mal wenn er nicht da ist, gehst Du hinauf. Dann nimmst Du zu Beginn erstmal kleine Dinge mit die Du tragen kannst mit und wirfst diese auf den Sperrmüll. Du musst keine Angst haben, dass der Tyrann es bemerkt, er wird es nicht merken, weil er seinen Fokus ausschließlich darauf gerichtet ist, wie er Dir das Leben zur Hölle machen kann. Er ist so blind und fokussiert, dass er gar nicht bemerkt, dass ihm ein paar Teile fehlen.

Seite für Seite wirst Du also in die Wohnung des Tyrannen gehen und immer mehr aus der Wohnung entsorgen. Bis die Wohnung komplett leer ist. Ich bitte Dich, es Dir so stark wie möglich vorzustellen.

Wenn die Wohnung leer ist, wird der Tyrann nicht mehr zurückkommen, da er keine Wohlfühloase mehr hat. Er hat keinen Grund zurückzukommen. Er versteht, wie sinnlos es ist, irgendwo hinzukommen, wo er sich nicht wohlfühlt. Angststörung Ade.

Und vergiss niemals, diesen Tyrannen hast Du Dir mit allergrößter Wahrscheinlichkeit selbst geschaffen. Umso verständlicher wird es Dir werden, warum Du Ihn aus Deiner eigenen Wohnung auch ganz einfach wieder rauswerfen kannst.

Und genau aus diesem Grund arbeite ich in Büchern und in Coachings mit der Salutogenese. Denn erstens darf ich nicht therapieren und zweitens wenn ich therapieren dürfte, müsste ich mich den ganzen Tag über, mit verschiedensten Störungen und Krankheiten beschäftigen und würde mich rein mit der Pathogenese beschäftigen um sie zu heilen.

Wie langweilig wenn ich mich den ganzen Tag mit diversen Krankheiten beschäftigen muss. Ich lege am liebsten meinen Fokus darauf aus, Menschen die an einer Angst- und Panikstörung leiden, aufzuzeigen, was bei Ihnen nicht richtig rundläuft im Leben und das aus der ganzheitlichen Sicht. Also, aus der medizinischen Sicht gepaart mit Ihrer Lebensweise. Die Entstehung der Gesundheit ist für mich und die meisten erkrankten Menschen der viel einfachere und bessere Weg.

Aus meinen langjährigen Erfahrungen, kann ich aus eigenen Erfahrungen berichten, dass der Großteil aller psychischen Störungen eine Ansammlung aller möglichen Lebensereignisse aus vielen Jahren beruhen.

Selbstverständlich gibt es auch andere Ursachen dafür, jedoch berichten mir 8 von 10 Menschen, dass Sie es tatsächlich geschafft haben durch Veränderungen wie z.B. ihre Alltags, Verhaltensänderungen, Denkweisen, etc. etc. sich von der Angst befreien konnten, ohne das sie es direkt bemerkt haben.

Pathogenese versus Saltuogenese

Um dieses Arbeitsbuch verstehen zu können, ist es wichtig das wir zwischen zwei Faktoren unterscheiden. Wir konzentrieren uns ausschliesslich auf die Erhaltung und Wiederherstellung der Gesundheit. Denn unser Körper und unsere Psyche sind nicht immer Gesund aber auch nicht immer Krank, es ist immer mal mehr und immer mal weniger.

Pathogenese

Pathogenese stammt aus dem altgriechischen und heisst übersetzt Leidenschaft, Sucht und genesis heisst Entstehung, Schöpfung, Geburt. Früher sagte man dazu auch Pathogenie. Also, Pathogenese beschreibt die Entstehung einer physischen oder psychischen Erkrankung oder den Verlauf eines krankhaften Prozesses bis zu einer Erkrankung. Die Ursache einer Krankheit wird in der Fachsprache der Medizin auch als Ätiologie bezeichnet. Die Ätiologie stellt den Ausgangspunkt der Pathogenese dar, da sie erst die Krankheitsentstehung ermöglicht. Pathogenese ist also der gesamte Prozess und vor allem auch den zeitlichen Verlauf der Krankheitsentstehung mit ihren ganzen Facetten bis hin zur Erkrankung. Umso wichtiger ist eine geklärte Ätiologie, die Voraussetzung der Erkrankung für eine gesicherte Pathogenese.

Salutogenese

Aus dem lateinischen bedeutet Salus, Gesundheit und genesis heisst Entstehung, Schöpfung, Geburt. Diese Wissenschaft von der Entstehung der Gesundheit nennt man deshalb Salutogenese. Die Salutogenese ist deshalb das Gegenstück zur Pathogenese! Der Medizinsoziologe Aaron Antonovsky ging in In 70er Jahren der Frage nach, welche Faktoren die Salutogenese beeinflussen und entwickelte ein theoretisches Modell über die Eigenschaften, die man persönlich benötigt, um gesund zu werden und es auch zu bleiben.

Aaron Antonovsky führte anhand einer Gruppe von Frauen, die in jungen Jahren in Konzentrationslagen inhaftiert gewesen waren, eine Studie zur Anpassungsfähigkeit an die Menopause durch. Er verglich ihre Fähigkeit, diesen hormonellen Zustand zu bewältigen, mit der eine Kontrollgruppe. Trotz dieser schrecklichen Vorbelastung in der Zeit im Konzentrationslager, gab es Frauen, die er als geistig und körperlich als Gesund einstufte. Diese Frauen schienen ihre ganz eigenen Ressourcen zu haben, die sie trotz der schrecklichen und schlimmen Erlebnisse gesund hielten. Dank Antonovskys Untersuchungen wurder der bis dahin übliche Fokus der Wissenschaft auf die Entstehung der Pathogenese (Krankheit) durch die Aspekte der Salutogenese ergänzt.

Es wurde schnell klar, dass es hiesige Unterschiede zwischen der Herangehensweise an eine Erkrankung aus salutognetischer oder pathogenetischer Sicht gibt. Die Pathogenese versucht Krankheit zu vermeiden Die Salutogenese versucht ein attraktives Gesundheitsziel zu erreichen. Nicht das vermeiden einer Gewichtszunahme durch mangelnde Bewegung steht dann zum Beispiel bei Adipositias im Vordergrund, sondern die erfolgreiche Umsetzung aktiver im Alltag zu werden, so dass dies zu einem umfassenden Wohlbefinden führt.

In der weiteren Forschung stand die Entstehung der Gesundheit sowie die Erhaltung im Mittepunkt.

Ein Begriff der sehr eng mit der Salutogenese verbunden ist, ist das Kohärenzgefühl. Dieser Begriff wurde von Aaaron Antonovsky geprägt und meint ein Zugehörigkeitsgefühl und eine tiefere innere Zufriedenheit mit sich sebst und anderen.

Für das Kohärenzgefühl sind drei Komponentten von Bedeutung:

1. **Die Verstehbarkeit:**
2. Die Fähigkeit, Zusammenhänge herzustellen zwischen In
3. Geschehnissen, die das Leben bereithält

4. **Bewältigbarkeit:**
5. Die Fähigkeit mit Geschehnissen umzugehen

6. **Sinnhaftigkeit:**
7. Die Überzeugung, dass alle Geschehnisse einen Sinn
8. haben. Durch diese Überzeugung fällt es leichter,
9. Geschehnisse zu akzeptieren.

Diese drei Eigenschaften werden meist innerhalb der ersten 20 Lebensjahre entwickelt. Je nachdem wie stark diese ausgeprägt sind, können Menschen unterschiedlich gut mit Krisen umgehen und diese bewältigen.

Fazit

Wie gesund wir sind, hängt also wesentlich von der Ausprägung diesern Eigenschaften ab.

Genau darauf basiert dieses Arbeitsbuch, ich durchleuchte mit Ihnen gemeinsam Ihr Leben und Ihren Alltag und gebe Ihnen zahlreiche und hilfreiche Lösungen an die Hand, damit Sie diese 3 Eigenschaften verbessern können. Zusätzlich arbeiten wir noch mit Ihrem Unterbewusstsein und Sie dürfen zu recht gespannt sein, was Sie erwartet. Je schneller Sie ihre Augen geöffnet bekommen umso besser und schneller können Sie sich von Ihrer Angststörung und anderen psychischen Erkrankungen befreien.

Ich werde mit Ihnen zusammenarbeiten und wir konzentrieren uns ganz klar auf die **Salutogenese!**

Was ist Angst und was ist eine Angststörung?

Angst ist ein gesundes, instinktives Schutzverhalten, wenn eine echte Gefahr um Leib und Leben befürchtet werden muss.

Nehmen wir mein Lieblingsbeispiel, unseren altbekannten und geliebten Säbelzahntiger. Hätten unsere Vorfahren keine Angst bzw. Furcht vor diesem überaus schönen und mutigen Raubtier gehabt, wer wüsste ob es unsere Spezies heute noch geben würde.

Wenn allerdings aus einer gesunden Angst eine Angststörung wird, dann wird es für unser Leben brenzlig. Also, ein perfekter Teufelskreislauf. Dazu aber später mehr. Bei einer Angststörung sprechen wir ganz bewusst von einer Störung, denn diese ist nicht gesund und beeinflusst nicht nur unsere Denkweisen und wie bzw. was wir fühlen - nein, wir sind auch ständigem emotionalen Stress ausgesetzt, der uns auf Dauer krankmacht.

Angststörung ist ein Sammelbegriff für mit Angst verbundene psychische Störungen. Ihr gemeinsames Merkmal sind exzessive, übertriebene Angstreaktionen beim Fehlen einer realen Bedrohung.

Nehmen wir als Beispiel an, Du hast Angst vor einem Dinosaurier, obwohl Du ganz genau weißt, dass es keine Dinosaurier mehr gibt. Aber sobald Du an einen Dinosaurier denkst, zeigt sich Deine krankhafte Störung, die Angststörung, dazu noch eine dieser ekelhaften Panikattacken.

Du hast Angst vor einer nicht realen Gefahr.

Es gibt viele Unterarten von Angststörungen, auf die ich in diesem Buch nicht näher eingehe, da diese für Dein Vorankommen nicht wichtig sind.

Ich unterscheide eine Angststörung in folgende Formen:

- diffuse, unspezifische Ängste (diese treten spontan und willkürlich auf und haben keine Situation oder Objekte als Auslöser)

- Phobien (auf bestimmte Objekte, Situationen oder Räumlichkeiten gebundene Ängste. Beispiel Dinosaurier!)

–   Spontan auftretende Angst- und / oder Panikattacken, die nicht
    auf ein spezifisches Objekt oder auf eine spezifische Situation
    bezogen sind, nennt man Panikstörungen.

17

Symptome einer Panikattacke

Du kennst diese sicherlich nur zu gut, aber ich werde sie einfach nochmal aufzählen.

Wenn bei Dir noch andere Symptome auftauchen, die ich hier nicht aufzähle, dann ist es ebenfalls in Ordnung.

- Herzklopfen , Pulsbeschleunigung
- Schwindel, Schweißausbrüche
- Zittern und / oder Kribbeln am ganzen Körper
- Hitzewallungen, Mundtrockenheit
- Sprachschwierigkeiten
- Atembeschwerden, Beklemmungsgefühl und / oder Brustschmerzen
- Übelkeit, Erbrechen, Durchfall
- Bewusstseinsstörungen
- Benommenheit, Todesangst

und sicher noch einige mehr

Welcher Angst-Typ bist Du?

Ich möchte Dir jetzt auf einer verständlichen Art und Weise erklären, was genau mit Deinem Körper während einer Panikattacke passiert, warum körperliche Symptome dazu kommen und unsere Panikattacke sich verstärkt und verschlimmert.

Wir fühlen uns durch die Panikattacke bedroht, wir fürchten uns so sehr, dass wir um unser Leben bangen.

Die Panikattacke signalisiert Dir: <u>Achtung Lebensgefahr!</u>

Du wirst gleich feststellen, was für einen perfiden und „perfekten" Job die Angststörung mit Dir macht.

Sie ist der lebendige Beweis dafür, dass es Perfektion gibt und sie lässt keine Gelegenheit aus, um Dich zu verunsichern, Dich einzuschüchtern, Dich zu ängstigen, so dass Du Dir einbildest, Du bist in Lebensgefahr.

Was für ein Teufelskreis!

Sobald unsere Panikattacke aber vorbei ist, werden wir wieder ruhiger und können rational denken. Ich habe es geschafft und Du schaffst es auch, genauso wie ich schon tausenden Menschen durch dieses Buch oder auf meinen Seminaren helfen konnte.

Woher ich das weiß? Weil Du bis hierhin schon gelesen hast und das zeigt mir, dass Du Dich von diesem Tyrannen befreien möchtest!

Ich erkläre es Dir so bildlich wie möglich, aber ohne medizinische Detailtreue, denn diese ist gar nicht so wichtig für die Befreiung und würde Dich sogar eventuell noch mehr verunsichern!

Wird dem Gehirn eine Gefahr gemeldet, kommt es nach einer kurzen Schrecksekunde zu einer Alarmreaktion. Dabei wird unterschieden, ob wir zu dem Schrecktyp oder zum Kampf- und Fluchttyp gehören.

Der Schrecktyp

Zählst Du zum Schrecktyp, dann übernimmt in einer Angst- und Stresssituation das parasympathische Nervensystem die Regie und ist total überaktiviert. Dadurch verharrst Du wie im Schock.

Dies bedeutet, dass Dein Blutdruck sich verlangsamt, Du anfängst zu schwitzen oder Dir wird sogar kalt. Du fühlst Dich dann schwach, hast vielleicht weiche Knie und hast eventuell Blasen- und Stuhldrang. Vielleicht errötest Du oder Du fängst sogar an zu weinen. Dadurch, dass Du langsamer atmest, wird auch Dein Herzschlag langsamer. Die Folge ist, Du fühlst Dich benommen oder Dir ist sogar schwindelig. Dazu kommt noch die Angst ohnmächtig zu werden.

Du bist also nicht mehr standfest und handelst dann irrational.

Kampf- und Fluchttyp

Zählst Du zu dem Kampf- und Fluchttyp, dann übernimmt in Angst- und Stresssituationen das sympathische Nervensystem die Regie. Das heißt, dass das sympathische Nervensystem überreagiert.

Dein Blutdruck steigt an, Dein Herzschlag wird schneller, Dein Atem wird beschleunigt und Dir wird eventuell sogar heiß. Du möchtest wahrscheinlich einfach nur davonlaufen, egal wohin?

Wir wissen, dass es zumeist für die körperlichen Beschwerden eine ganz einfache Erklärung gibt - es ist eine Panikattacke. Die Beschwerden während einer akuten Panikattacke haben eine ganz normale Ursache und sind **KEIN** Hinweis auf etwas Bedrohliches!

Daher ist es wichtig, dass Du die körperlichen Beschwerden **NICHT** als Gefahr wertest. Denn ansonsten verschlimmert sich die Panikattacke um einiges. Todesangst kommt auf und Du reitest mit Vollgas durch die Hölle.

Ebenso ist es auch **NICHT** hilfreich, wenn Du Dir in diesem Moment Gedanken darüber machst, wie schrecklich es wäre, wenn jemand Deine Beschwerden erkennt. Damit erzeugst Du eine grundlegende, noch größere Anspannung.

Das brauchst Du sicherlich nicht.

Was wäre wenn....

Selbst wenn jemand erkennt, dass Du gerade in diesem Moment eine Panikattacke hast, denke nicht negativ darüber. Denke positiv, denn derjenige hat es erkannt, weil er entweder medizinisch geschult ist oder er selbst darunter gelitten hat oder darunter leidet.

Kein Mensch, der in seinem Leben an einer Angststörung gelitten hat, würde sich über jemanden mit einer akuten Panikattacke lustig machen, denn derjenige kennt diese Höllenqualen nur zu gut.

Fremde Menschen, die es nicht einschätzen können und nicht wissen, dass Du gerade eine Panikattacke hast, werden es auch nicht lustig finden, denn sie haben selbst Angst in diesem Moment. Da sie nicht wissen, wie sie reagieren sollen und wie sie Dir in diesem Moment helfen können, fühlen sie sich selbst hilflos. Sie fühlen sich einfach unsicher und vielleicht sogar ängstlich.

In Deutschland befinden sich ca. 3,5 Millionen Menschen in ärztlicher Behandlung, wegen einer behandlungsbedürftigen Angststörung. Es wird vermutet, dass die Dunkelziffer in Deutschland, die sich nicht in ärztliche Behandlung begeben, mit ca. zehn bis zwölf Millionen beziffert wird. Zählt man alle Personen zusammen, die an einer behandlungsbedürftigen Angststörung leiden, kommt man sehr schnell auf eine Gesamtanzahl von bis zu 12 Millionen „Patienten". Dieses entspricht mehr als 10% der Bevölkerung in Deutschland.

Du siehst, es gibt keinen Grund, sich zu verstellen oder es geheim zu halten. Eine Angststörung ist eine Krankheit. Eine Krankheit, die sich wie ein Virus immer mehr verbreitet. Sie kommt nicht, weil Du sie Dir herbeigewünscht hast, sondern es spielen Faktoren dafür eine Rolle, eine Ansammlung von Lebensereignissen oder auch unverarbeitete oder sogar vergessene Geschehnisse rückblickend bis zur Kindheit. Auch ein nicht verarbeitetes Trauma, kann die Ursache sein. Es gibt unzählige Gründe und Auslöser. Du wirst sie herausfinden.

Das Gute daran ist, dass Du erkannt hast, dass Du daran leidest und Du etwas daran ändern möchtest. Ich kenne viele Menschen, die sich aus Scham keine Hilfe suchen. Jedoch ist Scham bei einer Angststörung nicht angebracht.

Also, schäme Dich nicht, denn Du bist nicht alleine auf der Welt mit einer Angst- und Panikstörung!

Schulmedizin bei einer Angststörung

Schulmedizinische Leistungen bei einer Angststörung sind enorm wichtig, auch wenn sich viele über das System ärgern.

Die Schulmedizin wird in vielerlei Hinsichten verachtet, weil diese angeblich stark von den hiesigen Pharmakonzernen gesteuert wird. Umso wichtiger ist es daher zu wissen, dass je nach Schweregrad der Angststörung, diese mit Medikamenten behandelt werden muss. Dies ist zwingend notwendig, weil man während einer Panikattacke nicht mehr Herr über seine Angst und seiner Sinne ist. Während einer einzelnen Panikattacke oder einer Panikstörung mit häufig wiederkehrenden Panikattacken erscheint das Leben nicht mehr lebenswert. Zusätzlich besteht die Gefahr, dass sich daraus zusätzlich eine schwere Depression entwickelt, bis hin zu Suizidgedanken. Dabei wissen wir alle, wie schön und lebenswert unser Leben ist, aber genau in diesen „gefährlichen" Momenten, denken wir nicht darüber nach, weil wir es einfach nicht können. Daher nenne ich es einfach mal einen „Kurzschluss". Das heißt, die Leitung für rationales Denken ist in diesem Moment unterbrochen und das irrationale Denken und Handeln findet statt. Damit es soweit nicht kommt, ist es wichtig, dass Du zu Deiner Störung stehst. Innerlich und auch äusserlich! Werde Dir bewusst darüber und gestehe es Dir ein.

Es gibt heutzutage etliche gute Angebote, wo wir entsprechende Rehabilitationsmaßnahmen in Anspruch nehmen können. Vielleicht hast Du auch schon die eine oder andere Maßnahme mitgemacht. Jedoch fühltest Du Dich dort nicht wohl oder man hatte viel zu wenig Zeit für jeden einzelnen Patienten. So erging es leider den meisten Menschen, die ich persönlich kenne.

Die kognitive Verhaltenstherapie geht davon aus, dass unser Denken einen erheblichen Einfluss darauf hat, was und wie wir denken, fühlen und körperlich reagieren.

Ich persönlich stimme dieser Aussage komplett zu.

Aber....

Vielleicht warst Du wegen Deiner Angststörung noch nicht in ärztlicher Behandlung oder wartest vielleicht in diesem Moment sehnsüchtig auf Deinen Termin und wenn Du dann bei Deinem Arzt vorstellig geworden bist, wird er Dir empfohlen haben, schnellstmöglich an einer kognitiven Verhaltenstherapie als Rehabilitationsmaßnahme mit einer anschließenden, weiterführenden Behandlung bei einem Psychologen oder einer Psychologin teilzunehmen.

Eine Rehabilitationsmaßnahme dauert im Schnitt vier Wochen, in Einzelfällen auch mal fünf bis sechs Wochen. Doch, was passiert nach diesen Wochen? Du stehst unmittelbar wieder unter Stress, da Du vergeblich versuchst einen Termin bei einem Psychologen / einer Psychologin zu bekommen. Im Internet werden durchschnittliche Wartezeiten von 20 Wochen angegeben um einen Termin bei einem Psychologen / Psychologin zu erhalten.

Die Realität und den berichten meiner Klienten zufolge beträgt die durchschnittliche Wartezeit je nach Region in Deutschland bis zu 1,5 Jahren bei gesetzlich Krankenversicherten und 4-8 Wochen bei Patienten mit einer privaten Krankenversicherung.

Ich möchte nicht näher auf diese Ungerechtigkeit eingehen, außer, dass ich ein sehr sozialer Mensch bin und ich es absolut ungerecht empfinde, dass Menschen, die sich keine private Vorsorge leisten können, im Gesundheitssystem als Menschen zweiter Klasse degradiert werden und mit extremen Wartezeiten „bestraft" werden.

Auf der einen Seite hilft unser Gesundheitssystem so gut es kann, auf der anderen Seite, wie lange bzw. wie viele Jahre dauert es, bis Du endlich wieder Du bist und Du Deine Angststörung verloren hast bzw. diese soweit gemindert ist, dass sie Dein Leben im Alltag nicht mehr beeinflusst.

Was mir während meiner damaligen Rehabilitationsmaßnahme besonders aufgestoßen ist, ist die Tatsache, dass es sich um ein starres System handelt, welches fest gefahrene Heilbehandlungen kennt. Dort stellte sich für mich die folgende Frage:

Wie kann ein Therapieverfahren für alle Menschen gelten, wenn jeder Mensch doch ein Unikat ist? Jeder Mensch hat in seinem Leben verschiedene Dinge erlebt und gesammelt und jeder Mensch verarbeitet dieses auch anders.

Deshalb ist für mich nicht jeder Mensch für die Standardmethode geeignet.

Ebenso ist auch nicht jeder Leser dieses Buches dafür geeignet.

So entwickelte ich meine Coachings, zusammen mit befreundeten Psychotherapeuten, die darauf basieren, Dich schnellstmöglich und effektiv wieder ins normale Leben zurückzuholen. So, dass Du Deinen Alltag frei von der Angststörung genießen kannst.

Meine Freunde haben mich deshalb unterstützt, weil sie meine Ansätze, Kritiken, Hinterfragungen etc. zu den standardisierten Therapieformen verstanden haben.

Sie haben mit eigenen Augen miterlebt, wie ich mich selbst aus diesem Dilemma zog. Ich erzähle das nicht einfach so, sondern ich war ganz tief unten angekommen. Mit allen medizinischen Notwendigkeiten durfte ich meine „Erfahrungen" sammeln. Nichts besserte sich, nichts gab mir auch nur im Anschein die Hoffnung, aus diesem Dilemma herauszukommen. Nicht nur ich litt darunter, sondern auch mein soziales Umfeld, wie meine Frau, meine Kinder, meine Eltern und Freunde, einfach alle die ich gern hatte.

Doch dann kam der Tag X. Ich sagte zu meiner Frau: Ich würde mich am liebsten mal reseten und neu starten wie ein Computer. Wir lachten alle herzlich, bis mir bewusst wurde das ich mit dieser Idee gar nicht so falsch lag, aber vorher noch Monate vergingen, bis ich anfing es umzusetzen.

Dieser Gedanke ließ mich monatelang nicht schlafen und hielt mich dermaßen gepackt, dass ich endlich handelte und somit heute dieses wunderbare Buch schreiben konnte.

Ich traf mich mehrmals in der Woche mit befreundeten Psychotherapeuten, Psychologen und Psychiatern, die ich zum Glück aus meinem Sportverein kenne und vertraute mich diesen an. Ich wollte alles, aber auch wirklich alles über die Angststörung wissen. Heute, nach Jahren, darf ich mit Stolz verkünden, dass ich schon etliche Menschen in gecoacht habe und diese ihre Angststörung überwinden konnten und sie heute wieder ein normales Leben führen ohne irgendeinen Tyrannen der an ihnen zerrt.

Jetzt ist es aber genug mit dem Eigenlob und wir kommen zum eigentlichen Thema zurück. Denn es geht hier einzig und allein um Dich, nicht um mich oder andere!

Das Ziel ist es nicht, Dir die Angst-, Panikstörung wegzuzaubern, sondern durch gezielte Fragestellungen und Erklärungen Veränderungen zu bewirken. Veränderungen in kleinem Stil, Veränderungen die Du Schritt für Schritt automatisch immer weiter umsetzen wirst, da Du eine koninuierliche Verbesserung erlebst. Was Dir gut tut, wirst Du automatisch umsetzen und daher ist es gar nicht so schwer. Wichtig ist nur, dass Du es zulässt, selbst an den Tagen, wo es für Dich mal nicht ganz so ransant voran geht. Denn die eigentliche Arbeit, um wieder Du selbst zu sein, liegt nicht an irgendeinem starren System, sondern wie intensiv Du mitarbeitest und ob Du gnadenlos ehrlich zu Dir selbst sein kannst und Du dir damit die Augen öffnest.

Umso mehr freue ich mich über Dein entgegengebrachtes Vertrauen, dass Du dieses wunderbare Arbeitsbuch für Dich sinnvoll einsetzen wirst.

Medikamente können eine Angststörung auslösen

Es gibt Medikamente, die Panikattacken und Angstzustände auslösen bzw. diese verstärken können.

Insbesondere ist das denkbar bei Medikamenten, die zur Behandlung von psychischen Krankheiten eingesetzt werden.

Ebenso sind auch Medikamente bekannt, die für die Behandlung von Morbus Parkinson und zur Behebung von Hirnleistungsstörungen eingesetzt werden.

Nicht zu vergessen, die heutzutage viel zu schnell verschriebenen Antibiotika zur Behandlung von bakteriellen Infektionen.

Ich habe eine Bitte an Dich, setze jetzt nicht eigenmächtig irgendwelche Medikamente ab, sondern konsultiere Deinen zuständigen Arzt, wenn Du der Meinung sein solltest, dass es von deinen Medikamenten kommen könnte.

Ich gehe deshalb nicht näher darauf ein, da es für manchen Leser ein Trigger sein könnte, dass möchte ich natürlich vermeiden und bitte um Verständnis.

Ursachen Angststörung

Die Ursachen einer Angst- und Panikstörung in Erfahrung zu bringen ist manches Mal gar nicht so einfach, denn selten sind diese nur durch eine Ursache hervorgerufen worden. In den meisten Fällen häufen sich ziemlich auf den ersten Blick, banale Ansammlungen vom erlebten, gefühlten und emotionalen Stress, einfach an. Bis dieser zu einem hiesigen Berg angewachsen ist. Man merkt es gar nicht, sondern erst dann wenn die Angststörung scheinbar von jetzt auf gleich da ist und Du die Welt nicht mehr verstehen kannst.

Im Allgemeinen geht man davon aus, dass es mehrere Faktoren zur Entstehung einer Angst- und Panikstörung gibt und benötigt.

An erster Stelle steht eine persönliche Verwundbarkeit, sowie individuelle und unterschiedliche körperliche Erregbarkeit.

Dazu musst Du wissen, dass alle Menschen mit einer unterschiedlich hohen Bereitschaft geboren werden, auf Gefahr mit Angst zu reagieren.

Das heißt, Du reagierst deshalb schneller mit körperlichen Symptomen auf belastende Ereignisse, als andere.

Wenn Du zum Beispiel sehr ängstliche Eltern hast / hattest, die Dich sehr behutsam und mit dauernden Warnungen gegenüber Gefahren getriggert haben, wirst Du viel eher mit körperlichen Symptomen auf Gefahren reagieren, als wenn sie Dich einfach mal hätten machen lassen. Es wäre besser gewesen, wenn Du Deine eigenen Erfahrungen hättest sammeln können.

In jedem Bekanntenkreis gibt es s.g. Helikopter-Eltern, die tatsächlich ihre Kinder so extrem beschützen wollen und sie selbst nicht registrieren, geschweige verstehen wollen, was sie ihrem Kind antun. Sicherlich wird es bei den meisten nicht in der Kindheit ausbrechen, sondern erst, wenn sie erwachsen und auf sich alleine gestellt sind.

Sie übersehen die Warnungen und ignorieren, dass das Kind später eventuell mit Störungen zu tun haben könnte. Dies ist eine grobe Fahrlässigkeit in meinen Augen. Denn anstatt das Kind seine eigenen Erfahrungen sammeln zu lassen, also zu lernen, kauen die Eltern dem Kind alles vor.

Ich jedoch habe meine beiden Kinder so erzogen, dass sie auch wirklich mal hinfallen. Das klingt zwar hart, aber meine Kinder haben sehr vieles am eigenen Leib erfahren müssen. Sie wissen genau, wann man besser aufpassen sollte und wann nicht. Ganz von selbst aus ihren eigenen Erfahrungen. Ich halte diesen Weg für am sinnvollsten. Man sollte Kindern generell viel weniger Glaubenssätze und Glaubensmuster mit auf ihrem Weg geben und noch weniger, Kinder vor Gefahren zu warnen, wenn es <u>keine nennenswerte, echte und reale Gefahr</u> gibt.

Vielmehr geht es um das Ausprobieren und Erfahrungen sammeln. Gib dem Kind eine Chance. Auch in Dir ist noch Dein Kind erhalten geblieben, so nutze auch Dein inneres Kind.

Dazu möchte ich Dir ein Beispiel aufzeigen:

Ein kleines Kind nähert sich dem heißen Herd, dieser ist also in Betrieb und die Mutter sieht es. Sie schreit schreckhaft auf: „Halt, Stopp, nicht drangehen, das ist gefährlich!"

Bist Du der Meinung, dass die Mutter richtig reagiert hat?

Obwohl das Kind noch gar nicht den heißen Herd berührt hat, vermittelt sie dem Kind LEBENSGEFAHR - grundlos!

Warum?

Es erschreckt sich dabei und fängt eventuell sogar an zu weinen und es rennt wahrscheinlich weg. Kleinkinder kennen von Natur aus keine echten Gefahren, denn sie können es einfach nicht wissen, es fehlt ihnen einfach die Erfahrung! In diesem Moment, wo wir das Kind lauthals anschreien und es anfängt zu weinen, denkt das Kind, es hätte etwas falsch gemacht. Es gibt sich die Schuld dafür, dass es angeschrien wurde. Das Kind wurde also verunsichert.

Kennst Du das aus Deiner Erziehung, vielleicht aus anderen alltäglichen Bereichen?

Vielleicht sogar von Deinen Eltern?

Oder erziehst Du vielleicht Deine Kinder genau so?

Selbstverständlich möchtest Du genauso wenig wie ich, dass sich das Kind verbrennt. Aber es kommt immer auf das „Wie" an. Wie teile ich es dem Kind mit?

Ich zeige Dir einen anderen Weg auf, der genauso effektiv ist und du diese Frage, auch in allen anderen Bereichen Deines Lebens anwenden kannst(Die Wirkung ist enorm!):

„Stopp, warte, gehe nicht an den Herd, ich möchte dir etwas zeigen, ok?"

Dabei nehme ich das Kind an die Hand und erkläre ihm, was passiert, wenn es zu nah an den Herd geht.

Ich nehme seine Hand und diese nähert sich dem Herd ganz langsam und vorsichtig. Das Kind ist neugierig und lernt zugleich zu verstehen, was passiert, je näher wir uns der heißen Herdplatte nähern. Es versteht das ganz genau, je näher ich mich dem Herd nähere, umso wärmer bzw. heißer wird es. Wenn es zu heiß wird, verbrenne ich mir die Hand und das tut einfach weh.

Das Kind hat keine Angst, es hat sich nicht erschrocken und hat etwas gelernt. Es kann sein, dass man es mehrfach wiederholen muss, deshalb handel besonnen und reagiere vor lauter Sorge nicht über, wenn **keine** Lebensgefahr besteht.

Auch Du kannst aus dieser Situation etwas lernen. Werde etwas besonnener, Dir selbst gegenüber. Habe ein wenig Mut, vertraue Dir und Du wirst nicht enttäuscht. Nutze Dein inneres Kind und sei neugierig, auf das, was Du in diesem Buch alles erleben wirst. Sei gespannt auf die Aufgaben, freue Dich sie zu lösen, freue Dich, wenn Du neue Erkenntnisse gewonnen hast.

Nutze dein inneres Kind und sei gut zu Dir.

Panikattacken können auch bei anderen Angststörungen auftreten, etwa bei einer generalisierten Angststörung, einer sozialen Phobie, Agoraphobie oder bei spezifischen Phobien.

Ängste können aber auch bei sehr vielen psychischen Störungen auftreten wie z.B. Demenz, Missbrauch bewusstseinsverändernder Substanzen (Alkohol, Drogen, Medikamente), Psychosen, affektiven Störungen (Depression).

Das generelle Problem ist, wie vorhin schon beschrieben, dass einige auf eine kognitive Verhaltenstherapie ansprechen und andere eben nicht. Ebenso sprechen einige auf eine direkte Konfrontation mit der Situation an, was die Panikattacke auslöst. Viele scheuen sich aber auch davor.

Alles ist verständlich. Doch im Grunde führt alles auf einen Kernpunkt hin. Um sich dessen überhaupt bewusst zu werden, benötigt es Anschubhilfen, sowie ich sie hier nenne.

Menschen, die unter einer Angst- und Panikstörung leiden, fehlt es zumeist an

- Selbstvertrauen

- Selbstbewusstsein

- Selbstliebe

- Achtsamkeit

Ebenso plagen sich auch einige mit unbewussten Schuldgefühlen herum.

Des Weiteren und ein bedeutender Faktor zur Entstehung einer Angst- und Panikstörung sind Grübeleien. Grübeleien, die einen nicht mehr loslassen. Nicht, dass Du täglich 24 Stunden nur über das Eine grübelst, sondern wenn Du täglich nur für einige Momente immer und immer wieder über das Gleiche nachdenkst und / oder täglich über verschiedene gleiche Themen. Denn damit programmierst Du dein Gehirn (Programmieren, Manipulation).

Die Liste, weshalb man an einer Angst- und / oder Panikstörung erkrankt, ist schier endlos. Vielleicht bist Du auch schon so sehr mit Deiner Angststörung beschäftigt, dass Du alles darüber wissen möchtest, auch was genau im Gehirn passiert. Du grübelst und beschäftigst Dich viel zu intensiv mit diesem Thema. Wenn Du auch dazugehörst, dann stelle Dir einfach die Frage, was hast Du davon? Was erhoffst Du dadurch zu erfahren? Erhoffst Du Dir vielleicht, wenn Du genauestens verstehst, was im Gehirn abläuft, dass Du dann davon befreit bist oder Wege findest?

Nein, im Gegenteil, es verunsichert einen nur noch mehr, denn diese ganzen biochemischen Zusammensetzungen sind auch für Neurologen und Psychiatern nicht immer einfach zu verstehen. Es ist viel zu komplex, auch wenn andere Bücher das Gegenteil behaupten. Was nicht kompliziert ist, ist es die Zusammenhänge zu verstehen wodurch dieses alles ausgelöst wird. Genau darüber schreibe ich schon die ganze Zeit und es wird noch viel spannender. Die Ursachenforschung.

Menschen, die alles genauestens hinterfragen, um nur nach einem AHA-

Effekt zu suchen, beschäftigen sich mit dem AHA-Effekt so sehr, dass sie sich in einem Kreislauf befinden -im Kreislauf des Grübelns. Das schlimme daran ist, sie merken es noch nicht einmal, weil es so unbewusst abläuft, dass es selbstverständlich ist.

Es gibt bestimmt Menschen in Deinem Umfeld, zu denen Du unbewusst hochschaust, weil sie so gelassen reagieren. Sie reagieren auf manche Dinge einfach und rational. Und vielleicht beneidest Du sie gerade dafür. Und wenn Du sie auf ein bestimmtes Thema ansprichst, werden sie Dir vielleicht auch des Öfteren sagen:

„Mach dir doch darum keine Gedanken, verschwende nicht deine Zeit damit, Du änderst eh nichts, Lass es doch mal auf Dich zukommen"

Diese Menschen sind selten von einer Angststörung betroffen, denn sie geben ihre eigene Kontrolle nicht aus der Hand. Sie lassen sich also emotional nicht so sehr reizen, wie Menschen mit einer Angststörung. Sie haben ein Bremspedal, welches sie bewusst einsetzen, um sich mit manchen Dingen nicht beschäftigen zu müssen. Sie reihen die Gedanken anders ein. Sie leben ihr Leben und beschäftigen sich erst dann damit, wenn die Hemmschwelle zum Abbremsen überschritten ist. Dieses bremspedal haben die meisten leider nicht. Nicht weil sie es nicht können, sondern weil sie es verlernt haben.

Ein gutes Beispiel dafür sind Arbeitskollegen: es gibt den einen, der immer sehr relaxed wirkt und es auch ist, der andere explodiert schon bei der kleinsten Sache, die ihn aus seiner Wohlfühlzone katapultiert und einem anderen Arbeitskollegen ist alles sch....egal. Der Relaxte und dem Sch....egal Typen haben uns etwas voraus. Sie beschäftigen sich nicht mit negativen Gedanken, sie sagen sich, OK, ich mache es jetzt, dann ist es halt erledigt und bereitet sich dann wieder auf seine alltägliche normale Arbeit vor. Sie schenken dem „Ausreisser" der sie aus der Wohlfühlzone verlässt, nicht die Aufmerksamkeit und belasten sich dadurch Emotional nicht, also kein negativer Stress.

Du siehst, dass an diesem Beispiel der ausgeglichene Kollege seine Gedanken zwischen wichtig und unwichtig sortiert. Das meiste, was wir im Alltag erleben, ist **unwichtig**, da wir einen bestimmten automatisierten Tagesablauf haben, der zumeist von Arbeit und Familie bestimmt wird. Dennoch, vor lauter Neugierde beschäftigen wir uns mit unwichtigen Themen, die uns nachher über Tag und Nacht beschäftigen, auch wenn sie es eigentlich nicht möchten. Der versuchen immer einen

Trigger unbemerkt zu finden:

- Wieso

- Weshalb

- Warum, gerade ich

Gelassene Personen sind meistens mit sich im Reinen, sie legen ihren Fokus auf ihr eigenes Wohlergehen. Das heißt nicht, dass sie keine Probleme besitzen, nur die geistige Wertstellung ist eine andere.

Dies bedeutet, dass sie auch einen gesunden Egoismus an den Tag legen. Egoismus im gesunden Maße ist vollkommen in Ordnung und wichtig.

Wichtig ist es, nicht Dein Leben lang analytisch zu denken, sonst verpasst Du Dein Leben - ein Leben das Du gerne führen möchtest. Denn lassen wir uns ehrlich sein, Du bewertest und hinterfragst doch bestimmt auch immer Dinge, die eigentlich total BANAL für Dich sein müßten, oder?

Ärgerst Du Dich sogar, wenn Dir auffällt, Mensch wieviel unnötige Zeit habe ich jetzt dafür geopfert? Mir ist es früher so ergangen, da mache ich keinen Hehl drumherum. Aber heute weiss ich Gottseidank, dass es absolut falsch war, unnötige banale Dinge zuviel Aufmerksamkeit zu schenken.

Was bin ich?

Ich bin ebenso davon überzeugt, dass Panikattacken aus unserem Unterbewusstsein hervorgerufen werden. Das heißt, dass diese aus dem Unterbewusstsein, aus der Summe unserer gesammelten Werke und Erfahrungen, der Worte, des Fühlens, Riechens, dem Umgang mit ungewohnten und überforderten Situationen, sowie auch dem Unbekannten, explosionsartig und auf einmal nach außen dringen.

Wenn Du lernst, was die Panikattacke Dir mitteilen möchte, wirst Du sofort einen besseren Umgang mit ihr finden. Diese Chance solltest Du nutzen. Lerne Deinen Tyrannen kennen. Beachte ebenfalls, dass wir nur etwas aus unserem Leben aufrichtig verabschieden können, wenn wir eine Situation kennengelernt und eine Erfahrung daraus sammeln konnten.

Lerne Dich besser kennen und welche Auswirkungen Dein Denken und Handeln für Dich haben.

Du bist sicherlich meiner Meinung, dass es nichts Unnötigeres gibt, als eine grundlose Panikattacke oder die Angst vor der Angst.

Dieser Tyrann schränkt uns im Alltag oftmals so stark ein, dass wir uns nicht mehr trauen unsere Wohnung oder das Haus zu verlassen. Die Panikattacke bestimmt Dein Leben, Du bist zum Sklaven Deiner eigenen Angststörung geworden. Deine Gedanken kreisen 24 Stunden nur um Deine Angst. Du regelst Dein ganzes Leben danach. Du lebst sogar danach, Deinen Alltag so zu gestalten, um die Wahrscheinlichkeit einer Panikattacke minimieren zu können.

Du hoffst, wenn Du Dich so oder so verhältst, dass Du dann heute von der Panikattacke verschont bleibst.

Ist das nicht anstrengend?

Wir zeigen nicht nur bei realen Gefahren oder Krisensituationen unsere Fluchttendenzen (nicht existierender Säbelzahntiger), sondern auch, wenn wir etwas als gefährlich bewerten, was aber gar keine Gefahr darstellt, sondern dies ausschließlich in unserer Fantasie stattfindet. Dein Gehirn spielt Dir dort also einen Streich, aber nur, weil Du es zulässt.

Also, wenn Du Angst vor irgendetwas hast, und Du stellst Dir diese

Situation vor, auch wenn sie nicht real ist, bekommst Du Angst. Wenn Du unterscheiden kannst, dass das Vorgestellte nicht real ist, wirst Du keine Panikattacke mehr bekommen. Solltest Du einen Tick zu lange gewartet haben, um zu verstehen, dass dieses gerade nur eine Fantasie ist, also nicht real, kommt der Tyrann und schikaniert Dich, wo er nur kann.

Ich erkläre Dir dieses an einem neutralen Beispiel:

Mache einfach mit, denn ich möchte Dir diesen Geniestreich unseres Gehirns nicht vorenthalten. Hab keine Furcht, es ist absolut harmlos und wird Dich eventuell sogar zum Schmunzeln oder zum Erstaunen bringen.

Wenn ich Dir jetzt sage, schließe nach diesem Satz Deine Augen und denke dabei **nicht** an einen roten Hammer.

Was wird wohl passieren?

Mit 99,9 prozentiger Wahrscheinlichkeit hast Du vor Deinen Augen einen roten Hammer gesehen.

Erstaunlich oder? Nutze diese mentale Fähigkeit.

Wir haben ein Bewusstsein und ein Unterbewusstsein.

Das Unterbewusstsein ist ein Geniestreich der Natur. Es ist wie eine Festplatte, auf der alles gespeichert wird und die nichts vergisst. Stelle Dir Dein Unterbewusstsein so vor, als wäre es ein richtig großes Containerschiff, so groß, dass es fast die kompletten Weltmeere einnimmt. Jede Erfahrung und jede erlebte Situation, ob wichtig oder unwichtig, die wir im Leben getroffen und entschieden haben, sowie auch erfahren konnten, ist in diesen Containern abgespeichert.

Eine Erfahrung zu einem einzelnen Etwas ist in einem einzigen Container abgespeichert. Das Nächste wieder in einem anderen Container. Das Unterbewusstsein macht also den Großteil unseres Daseins aus!

Das Unterbewusstsein kennt <u>keine direkte Verneinungen</u> und somit ist es vollkommen normal, dass es Dir eben den roten Hammer zeigte.

Ebenso, regelt unser Unterbewusstsein vollautomatisch unsere Atmung, unseren Herzschlag und noch vieles mehr, selbst die Panikattacke und die körperlichen Situationen werden vom Unterbewusstsein gesteuert und geregelt. Würde unser Bewusstsein für den Herzschlag und die Atmung zuständig sein, würden wir keine Sekunde überleben. Denn es ist nicht möglich den Herzschlag, die Atmung und alles, was vom Unterbewusstsein automatisch geregelt wird, bewusst übernehmen zu können. Hier lässt Du also LOS und du vertraust darauf, dass es einfach funktioniert. Dieses tut es auch! Selbst in diesem Moment wo Du dieses Buch liest, alles geschieht vollkommen automatisch, wie ein Uhrwerk.

Unser Unterbewusstsein ist wie ein gigantischer Lagerplatz und ein perfekter Logistiker, nicht nur für unseren Körper, sondern auch für unsere Gefühle und Reaktionen. Es will definitiv nur unser BESTES! Denn unser Unterbewusstsein möchte uns vor Gefahren schützen - instinktiv. Es möchte, dass Du - solange wie möglich - vor Krankheiten und Tod verschont bleibst und sendet einem ständig kleinste Signale, wenn Du mit Deiner Psyche aus dem Gleichgewicht geraten bist, also Du mit Geist und Körper ein Ungleichgewicht hervorgerufen hast.

Wenn Du diese Signale nicht erkennst (was die wneigsten können), staut es sich auf, es wird immer mehr und mehr, obwohl kein Platz mehr vorhanden ist. Dann passiert es: Deine erste Panikattacke. Wie ein Vulkan der seine Asche auf einmal Kilometerhoch gen Himmel schleudert.

Du denkst: „Was ist das? Ohje ich sterbe! Warum auf einmal so plötzlich und unerwartet? Wovon?" Fragen über Fragen. Jedoch kam sie nicht auf einmal, wie Du es vielleicht annimmst. Es hatten sich im Laufe der Zeit einige Dinge angehäuft, die auf einmal wie ein Vulkan ausbrechen. Du hast Dir im Laufe der Zeit einen Tyrannen geschaffen.

Warnsignale wurden in jeglicher Hinsicht vorher ignoriert.

Wir speichern alles ab. Gefühle, Reaktionen, das Erlebte, Gerüche, das Wort, ja selbst das Gesehene und auch das Gefühlte (Tastsinn). Selbst dann, wenn wir uns bewusst daran erinnern wollen, ist es uns nicht immer möglich, weil es so tief in unserem Unterbewusstsein vergraben ist, dass wir nicht so schnell darauf zurückgreifen können, wie wir es gerne hätten. Der Container steht also irgendwo im Nirgendwo. Erinnere Dich an den Herd. Ohne zu überlegen, handelst Du instinktiv heute richtig und greifst natürlich nicht auf die heiße Herdplatte, ganz automatisch, ohne bewusst darüber nachdenken zu müssen. Denn Du weißt, was passiert, wenn Du deine Hand auf die heiße Herdplatte legst. Ganz wichtig, ist es zu wissen, dass Dein Unterbewusstsein nicht zwischen positiven und negativen Dingen unterscheiden kann. Es verarbeitet das, was es von Deinen Gedanken vorgesetzt bekommt. Diese Eigenschaft erklärt, warum man mit dem Gesetz der Anziehung, sowohl Positives und Negatives in sein Leben ziehen kann.

Wie vorhin schon beschrieben, ist eine Verneinung für das Unterbewusstsein neutral. Nehme das Beispiel mit dem roten Hammer. Deine Konzentration lag nicht auf dem NICHT, sondern auf dem HAMMER, dem roten Hammer. Unser Gehirn arbeitet mit Bildern, unser Gehirn kann mit einem gesprochenen Wort nicht direkt etwas anfangen. Deswegen wandeln wir, wenn wir uns unterhalten, das Gesprochene in Bilder um - ganz einfach und rational. Ein roter Hammer, ist ein roter Hammer, egal was davor oder danach noch kommt.

Das Bewusstsein, also nicht das Unterbewusstsein, sagt dir, wer Du bist. Gleichzeitig ist es erschreckend einfach zu manipulieren. Doch was ist das Bewusstsein? Ich möchte dazu erwähnen, dass das Bewusstsein bis zum heutigen Tag noch nicht wissenschaftlich zu 100% geklärt ist.

Was ist das Bewusstsein?

Ich weiß es nicht, niemand weiß es. Wir wissen jedoch, dass wir uns danach unterscheiden, was wir bewusst tun und was wir unbewusst tun.

Als Beispiel zeige ich Dir Folgendes auf:

Unser Unterbewusstsein regelt unseren Herzschlag, die Atmung und die Art wie wir denken, sowie vieles mehr! Über das Bewusstsein bin ich persönlich der Meinung, dass ich bewusst jetzt ein Brötchen essen kann, ich trinke bewusst einen Kaffee oder Tee dazu.

Dennoch werde ich den Gedanken nicht los, dass unser Bewusstsein auch von unserem Unterbewusstsein gesteuert wird. Denn es hat sicherlich Gründe, warum ich gerade jetzt Hunger auf ein leckeres Brötchen mit einem schönen heißen Kaffee verspüre und nicht auf einen Nudelsalat mit einer Cola. Vielleicht empfinde ich dadurch eine gewisse Befriedigung oder ein positives Ereignis. Also müssen wir davon ausgehen, dass auch dieses insgeheim und besonders von unserem Unterbewusstsein gesteuert wird.

Deshalb bin ich felsenfest der Meinung, dass wir Menschen ein Sammelsurium unseres Erlebten sind - denke an das Containerschiff.

Wir Menschen unterscheiden uns, nach den Interessen eines jeden Einzelnen.

Das war jetzt ziemlich kompliziert, aber wichtig, um verstehen zu können, warum Du in der Lage bist, Deine krankhafte Angststörung ablegen zu können, nicht von jetzt auf gleich, aber je länger Du auf der Reise bist umso mehr nimmt sie ab, bis sie eines Tages einfach nicht mehr da ist.

Da Du nun weißt, dass wir zwar ein komplexes und ein einfaches Lebewesen zugleich sind - das ist jetzt nicht abwertend gemeint - ist es dennoch im ersten Moment etwas fremd zu wissen, warum wir so sind, wie wir sind.

Das genau wird Dir in diesem Moment aber zu Gute kommen und wird Dich dabei unterstützen Deine Angststörung dauerhaft beseitigen zu können.

Du hast also vollen Zugriff darauf - Du kannst Dich „umprogrammieren" und „manipulieren", Gewohnheiten ablegen und verändern. Bildlich gesprochen: Du kannst einen Container auf dem Schiff einer anderen Position zuweisen oder ihn sogar von Bord werfen - all das funktioniert.

Lasse Dich von dem Wort „manipulieren" nicht abschrecken. Erst durch die Medien wurde uns „Manipulation" negativ getriggert. Um gesund zu werden, ist Manipulation absolut nichts Negatives - im Gegenteil: manipuliere Dich so wie Du es brauchst!

Es ist eine Gabe die uns die Natur mit in die Wiege der Menschheit gelegt hat.

Dazu ein einfaches Beispiel aus der Schulmedizin.

Es gibt Krankheiten, für die wir Medikamente bekommen, um gesund werden zu können. Auch das ist eine Manipulation. Würden wir die Medikamente nicht einnehmen und unser eigenes Immunsystem ist nicht so fit wie es sein sollte oder kann nicht aus eigenen Mitteln darauf reagieren, kann selbst durch eine scheinbar leichte Erkrankung etwas Ernsteres oder Lebensbedrohliches entstehen. Also manipulieren wir unser Immunsystem und greifen zur Medizin, um dem Immunsystem eine Anschubhilfe zu geben und unterstützend zur Seite zu stehen.

Eine positive Manipulation.

Eine Manipulation bei einer Angststörung ist so zu verstehen, dass ich bestimmte Dinge in meinem Leben verändern muss. Ich manipuliere mich ganz bewusst, um nicht leiden zu müssen.

Um Veränderungen zu stabilisieren und damit sich das Erlernte fest in Deinem Unterbewusstsein abspeichert, ist eine ständige Wiederholung erforderlich. Eine Regel besagt, dass man ca. 30-60-mal etwas wiederholen muss, damit es fest im Unterbewusstsein verankert ist und dieses dann vollautomatisch abgerufen werden kann. Wenn dies dann vollautomatisch abgerufen werden kann, diese eine Veränderung, dann ist die vorherige alte Gewohnheit abgelegt!

Bevor wir an das Eingemachte gehen, möchte ich Dir erstmal ein paar Dinge über Deinen Körper erzählen.

Was passiert?

Was passiert mit meinem Körper während einer Panikattacke?

Ich möchte Dir erklären, was während einer Panikattacke in Deinem Körper passiert und warum diese körperlichen Symptome nicht Dein Ende sind. Denn sie sind sogar sehr wichtig, falls Du Dich vor einer echten Gefahrensituation retten musst. Sie sind daher vollkommen erklärbar. Dein Rettungsschirm!

Hätten wir diese Symptome nicht, wäre es uns nicht möglich in Gefahrensituationen über uns hinauszuwachsen. Du kennst doch sicherlich auch die ein oder andere Situation von Dir selbst bzw. Du hast bestimmt schon darüber gelesen, dass Menschen, die in einer Not waren, über sich hinausgewachsen sind und dann das schier Unglaubliche geschafft haben. Daher betone ich nochmals, dass unsere körperlichen Wahrnehmungen während einer Panikattacke absolut logisch sind und keine Gefahr für Dich bedeuten. Denn unser Körper befindet sich während einer Panikattacke in allerhöchster Alarmbereitschaft - er möchte Dich schützen.

Ebenfalls und für ein besseres Verständnis, möchte ich Dir aufzeigen, weshalb unser Körper so reagiert, damit Du es wirklich verstehst und Dir dieses bitte sofort merkst!

Du weißt dann ganz genau, wenn diese körperlichen Symptome während einer Panikattacke aufkommen, dass sie Dir nichts anhaben können.

Sobald Du dieses Verständnis gewonnen hast, wirst Du ruhiger und ruhiger und wirst Deine nächste Panikattacke schon viel sanfter wahrnehmen, weil Du Dich sicherer fühlst und ganz genau weißt, dass Du keine Angst vor den körperlichen Symptomen haben musst.

Zur Erklärung dieser körperlichen Symptome habe ich die Fragen ausgewählt, die mir meine Seminarteilnehmer am häufigsten stellen.

Ungefährliche Ursachen die sich hinter den **körperlichen Symptomen** einer Panikattacke verbergen können:

Warum schlägt mein Herz ganz schnell und ich habe somit einen

sehr schnellen Puls oder es schlägt sogar unregelmäßig?

Während einer Panikattacke ist Dein Körper auf Flucht, Verteidigung oder Angriff eingestellt, daher schaltet der Körper auf „Gefechtsmodus". Während des Gefechtsmodus schlägt Dein Herz schneller, dies kann regelmäßig oder auch unregelmäßig sein. Dein Blutdruck steigt an.

Solltest Du ein Stolpern Deines Herzens vernehmen, liegt es meistens daran, dass Dein Herz von langsam auf schnell umschaltet.

Solltest Du dabei ein Flimmern vor den Augen spüren, liegt es an dem hohen Blutdruck in diesem Moment.

Während einer Panikattacke bekomme ich immer ganz weiche Knie, manchmal zittere ich dabei am ganzen Körper, woran liegt das?

Deine Muskeln sind zu stark angespannt, das erklärt dabei auch Deine weichen Beine. Deine Muskeln werden also überstrapaziert und dadurch zittern sie.

Warum ist man während einer Panikattacke so unruhig und nervös?

Wie oben bereits mehrfach erwähnt, ist Dein Körper während einer Panikattacke in höchster Alarmbereitschaft, also im „Gefechtsmodus". Dein Körper ist also jederzeit in diesem Moment bereit, die drohende Gefahr abzuwehren. Du bist in einer extremen „Lauer Position" um schnellstens reagieren bzw. agieren zu können.

Wieso wird es mir während einer Panikattacke schwindlig?

Auch hier musst Du Dir absolut keine Gedanken machen, denn während Dein Körper auf Gefahrenabwehr geschaltet ist, wird Dein Gehirn nicht mehr so gut mit Sauerstoff versorgt, weil Du wahrscheinlich entweder viel zu viel Sauerstoff aufnimmst als Du benötigst oder Du atmest vor lauter Anspannung so flach, dass Du nicht genügend Sauerstoff aufnimmst. Auch Deine Pupillen weiten sich und Du fühlst Dich irgendwie eigenartig.

Warum wird mir während einer Panikattacke immer so heiß und ich schwitze dabei so schlimm?

Du hast schon gelernt, dass wir uns während einer Panikattacke komplett verspannen. Unsere Muskeln sind auch in Alarmbereitschaft, dieses ist für unseren Körper Höchstarbeit. Vergleichbar mit Sport: Du bewegst Dich und Du fängst an zu schwitzen, weil Du Deine Muskeln benötigst. Wenn Du selbst jetzt versuchen würdest, bewusst alle Deine Muskeln im Körper anzuspannen, würdest Du schnellstens anfangen zu schwitzen. Probiere es einfach mal aus.

Warum bekomme ich während einer Panikattacke Luftnot und Beklemmungen in der Brust?

In diesem Moment nimmst Du wahrscheinlich einfach zu viel Sauerstoff auf, also Du atmest mehr Sauerstoff ein, als Du tatsächlich benötigst.

Die eine oder andere Frage war auch sicherlich für Dich dabei, vielleicht konnten diese Fragen Dir mehr Verständnis für die biologischen Reaktionen **DEINES** Körpers näherbringen und Dir ein wenig die Anspannung nehmen.

Wenn Du verstanden hast, dass Dein Körper ganz normal reagiert, Du Dir bewusst wirst, dass dies eine vollkommen natürliche, biologische Reaktion Deines Körpers ist, wirst Du Deine Angst vor den körperlichen Symptomen verlieren. Ziehe noch etwas weiteres Positives heraus. **Du darfst Dich glücklich schätzen, denn Du weißt, dass in einer realen echten Gefahr auf Deinen Körper Verlass ist! Du kannst Deinem Körper vertrauen - perfekt.**

Du bist dabei, ein größeres Verständnis für die Panikattacke zu gewinnen, das ist ein entscheidender Schritt, um Dich für immer von den Panikattacken und der Angststörung zu lösen.

Deshalb hier noch einmal die **Zusammenfassung** der **körperlichen Symptome** einer Panikattacke.

- Panikattacken sind starke Alarmreaktionen. Die körperlichen Reaktionen sind durch biologische Reaktionsmuster erklärbar

- Die körperlichen Symptome sind zumeist die Folgen davon, dass Du eine Situation als Gefahr bewertest

- Die kleinste körperliche Veränderung wie etwa ein zu schneller Puls, welchen Du als gefährlich bewertest, startet die Alarmreaktion Deines Körpers

- jede negative Fantasie, wie zum Beispiel „Was wäre, wenn...?" löst eine Alarmreaktion aus

Bevor wir uns im weiteren Verlaufs des Buches von der Angst weiter verabschieden, möchte ich Dir noch einige Kniffe und Tricks zeigen, wie wir eine Panikattacke schon im Keim ersticken können.

Wenn Du unterwegs sein solltest, rate ich Dir, mein Buch immer mitzuführen, solange Du noch unsicher bist und die Kniffe, welche Dir gefallen, auch wirklich sicher beherrschst.

Panikattacken sofort stoppen!

Ich möchte Dich bitten, auch wenn Du jetzt keine Panikattacke hast, Dir deine Lieblingstipps auszusuchen und sofort mal auszuprobieren.

Ich rate jedem Menschen dazu, der an einer Angststörung leidet, drei bis fünf Tipps einzustudieren.

Warum drei bis fünf Tipps?

Wir sind täglich nicht immer gleich gut drauf, wir sind Menschen und keine Maschinen. Wenn uns heute noch der Tipp 6 gefällt, kann es aber morgen aufgrund unserer Gemütsfassung sein, dass Dir gar nicht danach zumute ist, Tipp 6 anzuwenden.

Und natürlich auch aus ganz einfacher Sicht: es gibt nicht die EINE Methode, um eine Panikattacke zu beenden, denn nicht jede Methode eignet sich für jeden Menschen gleich.

Daher lerne einfach so viele wie Du möchtest und probiere sie aus. Du wirst sehen, manche werden Dir sogar so viel Spaß machen, dass Du lachen musst und wenn wir lachen, entspannt sich der Körper und Dein Geist erholt sich.

Nach den Tipps - wie Du Deine Panikattacken im Keim ersticken kannst - kommen wir dazu, dass Du deine Ursache der Angststörung findest.

Tipps

Hier sind meine besten Tipps mit Sofortwirkung

Tipp 1

Trinke während einer Panikattacke ein erfrischendes Getränk wie z.B. kaltes Wasser, aber langsam. Lsse es auf der Zunge zergehen und spiele etwas mit ihr.

Tipp 2

Lenke Deine Aufmerksamkeit auf etwas Anderes und begutachte einfach das, was Du gerade beobachtest.

Beispiel:

Du bist in einem Supermarkt und merkst wie eine Panikattacke aufkommt. Schnappe Dir einfach das nächste Produkt, vertiefe Dich ganz in dieses Produkt und lese alles, was auf der Verpackung steht. Spreche mit diesem Produkt in Gedanken: „Brauche ich Dich? Bist Du wirklich nützlich für mich?" u.s.w.

Tipp 3

Auch ganz wirkungsvoll ist Tipp 3: Nimm Dein Handy, rufe jemanden an und unterhalte Dich einfach über ein Thema. Es sollte dann ein Thema sein, was Dich wirklich interessiert, egal ob privat oder beruflich.

Tipp 4

Schone Dich nicht, denn Du weißt, dass die Symptome ungefährlich sind und mache zum Beispiel einen Hampelmann, bis Du aus der Puste bist. Oder mache Kniebeugen - lenke Dich ab!

Tipp 5

Erschaffe Dir einen imaginären Freund, dieser Freund soll Dir helfen, Dich während einer Panikattacke über sinnvolle und sinnlose Themen zu unterhalten.

Zum Beispiel: Du nennst deinen Freund Uli.

Du spürst, es kommt eine Panikattacke, dann sagst Du:

„Hallo Uli, bemerkst Du gerade mein Verhalten, dass in mir eine Panikattacke aufkommt? Ich lasse sie einfach mal zu und ich freue mich Uli, dass Du immer für mich da bist und an meiner Seite stehst.

Du wolltest doch in den Urlaub fahren, Uli, wann ist es denn soweit?" u.s.w.

Erfinde eine Geschichte, lass es zu und frage alles, was Du möchtest und wenn Dein imaginärer Freund Dir antwortet, ist es wirklich in Ordnung. Denn so schwindet die Panikattacke innerhalb weniger Minuten. Du führst also ein Selbstgespräch mit einem erfundenen Freund.

Tipp 6

Bitte stelle Dich gemütlich hin, nehme Deine Hände und klopf Dir leicht auf den Bauch und sage „Hi, Hi, Hi". Dann klopfe direkt danach auf Deine Brust und sage „Ho, Ho, Ho". Dann klopfe Dir auf den Kopf und sage „Ha, Ha, Ha". Werde dabei immer schneller!

Wiederhole es solange, bist Du automatisch laut lachst.

Solltest Du einen Lachanfall bekommen ist es wunderbar!

Hast Du selber eine gute Idee, notiere Sie hier bitte, alles was hilft ist erlaubt.

Aufgabe 1

Wir wissen alle, dass Panikattacken einen Sklaven aus uns machen. Wir gehorchen ihr und leben nicht unser Leben, sondern richten unser Leben nach der Angst - wie ein Sklave, der auf den Befehl des Tyrannen wartet.

Jetzt stelle Dir bitte einmal bildlich vor, wie es wäre, wenn Du **nicht** an einer Angst- / Panikstörung leiden würdest. Was würdest Du alles machen?

Lehne Dich einfach mal zurück, schließe dann Deine Augen und stelle Dir Dein eigenes Leben ohne Angst- und Panikstörung vor. So bildlich wie Du es nur kannst!

Lass Dir so viel Zeit wie Du benötigst, es ist vollkommen egal, ob es nur eine Minute oder mehrere Minuten sind. Je schöner die Gedanken sind, umso bewusster – atme ein und aus.

Es ist dabei nicht ungewöhnlich, wenn Du Dich am Anfang dabei erschreckst, weil es einfach Neuland ist - also eine ungewohnte Situation. Es ist eine schöne Situation, deshalb genieße sie, solltest Du Dich erschrecken, wiederhole es einfach immer wieder, bis Du Dich vollkommen wohl und sicher fühlst. Lass es zu, lass es einfach geschehen.

Ich bitte Dich, auf der nächsten Seite aufzuschreiben, wie und was Du erlebt hast. Konzentriere Dich dabei vollkommen auf das schöne Gefühl. Nutze diese Minuten um es zu verinnerlichen.

Kannst Du keine Notizen in diesem Buch machen, weil Du eine E-Book Ausgabe gekauft hast, dann hole Dir einfach ein Blatt Papier.

Meine Vorstellung, mein Erlebtes:

Den ersten Schritt hast Du gerade erfolgreich getan. Warum wiederholst Du dieses nicht einfach einige Male am Tag? Nimm dir die Zeit - es gibt keine Ausrede, es nicht zu tun.

Selbst auf der Arbeit - während einer Pause. Träume vor Dich hin, nimm Dir einige Minuten, genieße es! Tagträumen oder die Fokussierung auf eine wunderschöne Vorstellung entspannt nicht nur - es schüttet auch Glückshormone aus. Es ist wie eine Art Doping. Du fühlst Dich danach freier, sicherer und vollkommen wohl.

Ich bitte Dich nun gedanklich in die Wohnung des Tyrannen zu gehen. Er ist nicht da, er ist verreist. Hole ein paar Dinge heraus und werfe sie auf den Sperrmüll. Einfach ein paar kleine Dinge, die nicht schwer sind.

Bevor wir zur Aufgabe 2 kommen, möchte ich dazu noch etwas schreiben.

Jeder, der unter einer chronischen Krankheit leidet - sei es auch bei Angst- und Panikstörungen - nutzt ab und zu diese als Grund vorzuschieben um z.B. nicht zu einer Party oder sonstiges gehen zu müssen, weil man einfach keine Lust verspürt oder die Angst vor einer Panikattacke, einen davon abhält.

Was lernt unser Unterbewusstsein daraus?

Die Krankheit verschafft uns einen Vorteil

Wir haben also ständig eine perfekte Ausrede um einen Termin oder ein Vorhaben entweder abzusagen oder das Vorhaben nach hinten zu schieben.

Werde Dir bewusst darüber, wenn Du nicht ehrlich zu Dir selbst bist, wirst Du Dich nie von Deiner Krankheit lösen können.

Wir entschuldigen uns mit einem vorgeschobenen Grund bei uns selbst. Das ist jedoch ein Trugschluss, denn in Wahrheit laden wir die Schuld auf uns, weil wir wissen, dass es nicht richtig war.

Was passiert?

Wir haben wieder eine negative emotionale Belastung MEHR in uns abgespeichert.

Auch wenn Du diese negative emotionale Belastung nicht sofort spürst. Dein Unterbewusstsein hat es fest eingelagert und in einem Container abgespeichert und wird es Dir von Zeit zu Zeit vorhalten - mit einem schlechten Gewissen. Du fühlst Dich schuldig (schlechtes Gewissen).

Jetzt bloß keine Panik, denn ich erkläre Dir auch, warum das so ist.

Freunde oder Bekannte, die über Deine Krankheit Bescheid wissen, haben Verständnis für Deine Situation.

Deswegen sind sie Dir auch nicht böse oder gar verärgert, wenn Du Deine Krankheit „vorschickst", denn sie wissen nicht, dass Du sie vorgeschickt hast. Aber Du weißt es, denn wir ziehen daraus einen Vorteil und haben gemerkt, wie einfach es ist, wenn wir zu irgendetwas keine Lust haben, jemandem abzusagen.

Das ist eine absolute natürliche Reaktion eines Menschen, egal ob Du es bist oder jemand anderes. Wir Menschen wählen immer den bequemsten Weg mit dem geringsten Widerstand.

Du ersparst Dir damit Erklärungen oder sogar Diskussionen mit Deinem Partner, Bekannten oder Freunden. Würdest Du erklären wollen, dass Du einfach keine Lust hast zu kommen, wäre das sicherlich der unbequemere Weg und somit ist der Widerstand weitaus höher. Bei Erklärungen ist es immer so, dass wir hinterfragt werden von der Person und dies kann dann tatsächlich sehr anstrengend sein.

Wie kann ich denn absagen ohne dass derjenige enttäuscht oder verärgert ist?

Ich selber habe die beste Erfahrung damit gesammelt, wenn ich keine Lust habe dorthin zu gehen, weil die ganze Woche schon so stressig war und ich einfach ein paar Stunden Zeit für mich brauche, dass ich wie folgt absage, ohne dass derjenige verärgert ist:

„Du, ich muss leider für heute Abend absagen, es tut mir Leid. Die ganze Woche war so anstrengend ich bin einfach Müde und ausgelaugt. "

Mit diesem Satz, habe ich bisher keine negativen Reaktionen in meinem Bekannten- und Freundeskreis ausgelöst. Denn auch meine Freunde und Kumpels ergeht es an manchen Tagen genauso, weil der Alltag oder die Woche zu anstrengend war.

Werde Dir bewusst, dass Dir diese ehrliche und aufrichtige Erklärung sogar Vorteile bringt. Du erntest Respekt und zeigst Deinem Bekannten- / Freundeskreis, dass Du auf Dich **achtest**. Denn auch deine Freunde wollen nicht, dass Du aufgrund einer Überbelastung wieder in eine Angst- und Panikstörung fällst.

Achten – Achtsamkeit

Ich möchte dir jetzt erklären was Achtsamkeit heißt und vor allem was sie für **DICH** bedeutet!

Achtsamkeit ist eine Qualität des menschlichen Bewusstseins, eine besondere Form von Aufmerksamkeit.

Es handelt sich dabei um einen klaren Bewusstseinszustand, der es Dir erlaubt, jede innere und äußere Erfahrung im gegenwärtigen Moment vorurteilsfrei zu registrieren und zuzulassen.

Je mehr Du die Achtsamkeit übst, reduzieren sich gewohnheitsmäßige, automatische und unbewusste Reaktionen, auf das gegenwertige Erlebte.

Das hat zur Folge, dass Du immer authentischer und selbstbewusster wirst und danach handelst. Ebenso wirst Du dadurch gelassener und lernst - wie vorhin erwähnt -immer besser zu beurteilen, was wichtig und unwichtig ist.

Toll, oder?

Nimm Dir die Zeit, die Minuten Dich einfach hinzusetzen oder zu legen, deine Augen zu schließen und Dich zu besinnen. Wie in Aufgabe 1: male Dir immer wieder aus wie schön das Leben, ohne Deinen Tyrannen der Angststörung ist.

Reflektiere Dich, schaue einfach in den Spiegel, wenn der Tag vorüber ist und Du zu Hause zur Ruhe gekommen bist.

Stelle dir folgende Fragen:

War ich heute mit meinem Tag zufrieden?

Was hat mir heute stressbedingt zugesetzt?

Habe ich viel gelacht?

War ich mit mir zufrieden?

Wenn Du diese Fragen ehrlich beantwortest, weißt Du was Du am nächsten Tag ändern musst. Sei authentisch, sei also Du selbst, ohne Wenn und Aber!

Keine Kompromisse, denn tust es für Dich!

Nachdem Du Deinen Tag reflektiert hast, und Deine „Schwachstellen" erkannt hast, wirst Du in kleinen Schritten immer authentischer und selbstbewusster, sowie gelassener.

Ein sehr schöner Faktor ist noch, dass viele meiner Leser mir mitteilten, dass sie ihren jeweiligen „Erholungsfilm" (die Vorstellung ihres Lebens), abends zum Einschlafen sich immer wieder hervorrufen. Sie fühlten sich am nächsten Morgen viel besser und freier. Ebenso hat sich ihr Schlaf deutlich verbessert.

Wenn Du Dir Deinen Film immer wieder vorspielst, dann mache danach folgendes:

„Das habe ich heute gut gemacht", klopfe Dir dabei auf die Schultern und lächle dabei.

Es wird Dein Selbstwertgefühl steigern und Dir immer mehr Sicherheit vermitteln. Du wirst selbstbewusster und lebst authentischer, sowie FREIER.

Es ist absolut wichtig, dass Du innerlich immer freier wirst für dein Vorankommen gegen die Angststörung!

Versuche das zu ändern, was Dir an dem heutigen Tag nicht gefallen hat, springe über Deinen Schatten und habe keine Angst davor Fehler zu machen.   Fehler sind unvermeidlich im Leben, jedoch diese einzugestehen und weiter daran zu arbeiten, schaffen leider nur die wenigsten.

Denke immer daran, dass nur Du Dich selbst verändern kannst, gib Dir auch die Chance dazu. Erinnere Dich daran, dass wir so sind, weil wir so sind - auf unseren abgespeicherten Erfahrungen, dem Erlebten basierend.

Wenn Du Durch Deine eigenen Vorstellungen/ Deinen Film zum Tagträumer wirst, ist das absolut in Ordnung. Es ist Deine freie Zeit. Während dieser Zeit hat keiner Zugriff auf Dich, diese paar Minuten sind nur für Dich, niemand und auch sonstiges wird Dich davon abhalten können, wenn Du nur willst.

Aufgabe 2

Ich bitte Dich, hier Deine Erfahrungen ausführlich aufzuschreiben, die Du mit deiner Angst-/ Panikstörung im Alltag erlebst und verbindest und was Du alles vermeidest.

Ich lasse dazu bewusst zwei Seiten frei.

Beispiel:

„Ich gehe nur mittags einkaufen, weil es dann nicht so voll ist, falls ich eine Panikattacke bekomme.“

Notiere wirklich alles!

Notiere *keine* körperlichen Symptome!

Dein Platz 1

Dein Platz 2

Klasse, dass Du das erledigt hast.

Schließe Deine Augen und gehe bitte wieder in die Wohnung des Tyrannen – er ist nicht da, er ist verreist - nimm wieder ein paar Dinge mit und werfe sie auf den Sperrmüll.

Dir ist wahrscheinlich aufgefallen, dass Du bei Aufgabe 1 nur eine Seite zur Verfügung hattest - hier sind es zwei Seiten - warum das so ist, erkläre ich Dir gerne.

Meine Theorie ist, dass wir bei Aufgabe 1 nur einen unserer größten Wünsche nachgehen, endlich wieder ein normales Leben ohne diesen Tyrannen zu führen!

Also, eine positive Erlebnis- und Denkweise.

Somit benötigen wir nicht so viel Platz. Wenn es jedoch um negative Erlebnisse / Erfahrungen geht, dann wissen wir alles ganz genau, wir können uns an alle negativen Dinge erinnern, dabei vergessen wir die positiven Dinge, die im realen Leben überwiegen. Wir stempeln die positiven Erlebnisse als selbstverständlich ab. Unsere eigene Einstellung zu Fehlern oder negativen Erlebnissen, widmen wir so viel Aufmerksamkeit, dass wir den Blick für das Positive ausblenden.

Ganz getreu dem Motto:

„Tue 1000 gute Dinge und ein schlechtes (Fehler). Du wirst Dir immer diesen Fehler vorwerfen.“

Dass Du aber in Wahrheit ein ganz toller Mensch bist, der viel Wert darauf legt, ein korrektes Verhalten an den Tag zu legen, interessiert Dich in diesem Moment absolut nicht.

Warum ist das so?

Menschen, die Dich kennen, finden immer einen Grund in anderen Personen das Negative zu sehen - sie können so von ihren eigenen Problemen ablenken. Was gibt es Schöneres, als über eine andere Person zu sprechen und die negativen Seiten dieser Person besonders hervorzuheben. Ja, man genießt es sogar, man konfrontiert sich mit negativen Dingen über andere Personen - herrlich, oder? Einfach mal ablästern!

Quatsch! Es gibt immer zwei Seiten der Medaille.

Versuche mal mit Deinem Freund über eine Person zu sprechen und hebe das Positive hervor. Das wird um einiges schwerer, weil der Mensch das Negative immer einer besonderen Bedeutung zukommen lässt. Ebenso wird das Positive doch eher als langweilig eingestuft. Das Positive ist also eine Voraussetzung, daher fällt immer nur das Negative ins Gewicht!

Während des Lästerns - das über einen anderen herziehen -vergleicht man in Wahrheit die Person immer mit sich selbst. Das Erkennen von Schwächen und Verhaltensweisen, die wir vielleicht als abstoßend empfinden. Es gibt aber wahrscheinlich für diese Person Gründe, warum sie in diesem Moment sich so oder so verhält, auch wenn es Dir selber zu wider ist. Sie reagiert aufgrund der gesammelten Lebenserfahrung und legt dabei ein gewisses Verhaltensmuster offen.

Jeder Mensch ist ein Unikat!

Jedes einzelne von uns gesprochene oder gedachte Urteil über eine Person, weist auf eine unverheilte Wunde in sich selbst hin.

Jedoch kann einem ein gemeinsames Lästern auch schnell Vorteile verschaffen. Also unterhalten wir uns eher mit Personen, die die gleiche Person ebenso nicht ausstehen kann, als mit der Person, die die Person mag. Lästern kann also sozial zusammenschweißen. Ebenso gibt es Menschen, die lästern kaum bis gar nicht. Sie sehen darin keinen Sinn. Die Menschen, die nicht über einen anderen Menschen lästern oder es zulassen, sind meist sehr selbstbewusst und strotzen vor Selbstvertrauen, weil sie es einfach nicht als nötig empfinden und es auch als unfair ansehen.

Wenn Du lästerst, bleibst Du gefangen im Negativem. Das muss nicht sein. Spreche mit Dir persönlich, wenn Du alleine bist. Versuche dann mit einem imaginären Freund zu sprechen, nicht in Gedanken, sondern sage ihm was Du an ihm schätzt. Sage es laut, sage es bestimmt und direkt. Spreche ihn mit Deinem eigenen Namen an.

Beispiele:

„Marc, super, wie Du deinen Alltag gestaltest - das schätze ich an Dir."

„Marc, klasse, wie Du das Problem mit XY gelöst hast - das schätze ich an Dir."

„Marc, Wahnsinn wie es dir gelingt immer gelassener zu werden - das schätze ich an Dir."

Wenn Du dich daran gewöhnt hast, dann bitte mache diese Übung vor einem Spiegel und schaue Dir dabei selbst tief in die Augen - immer und immer wieder - bis es für Dich zu einer Selbstverständlichkeit geworden ist. Am besten fängst Du morgen nach dem aufstehen shcon an und sagst „Guten Morgen Marc" (Bitte mit Deinem Namen)

Diese Übung ist nicht einfach – ich kann es nachvollziehen – sie wird Dir vielleicht blöd oder kindisch vorkommen.

Was steckt dahinter? Unsicherheit und mangelndes Selbstbewusstsein, Selbstvertrauen.

Versuche es, Du kannst das. Du bist alleine, wenn Du das versuchst, keiner wird Dich hören oder Dich dabei beobachten. Vielleicht grübelst Du jetzt schon darüber und denkst: „Nee, das mache ich nicht." oder „Ich bin doch nicht verrückt." Versuche es, auch wenn Du unsicher bist oder Du laut lachen solltest, dann lache, lass es einfach mal geschehen. Niemand anderes wird über Dich lachen können, da Du es ganz alleine ausprobierst. Solltest Du lachen, dann genieße es - es wird Dich befreien und Du fühlst Dich gelöster.

Wenn Du diese Übung täglich wiederholst - gerne auch mehrmals - wirst Du Dich ganz neu entdecken. Du wirst viel entspannter sein, alles wird sich ändern und wenige Tage später, werden es auch Deine Freunde merken, dass Du dabei bist, dich positiv zu verändern. Reflektiere Dich und spreche laut mit Dir selbst.

Wer an einer Angst- und Panikstörung leidet, denkt vor lauter Angst negativ. Dieses Verhaltensmuster hat die Überhand gewonnen.

Dieses sieht insoweit so aus:

Was...

Wenn...

Aber...

Wieso...

Weshalb...

Warum...

... dann passiert doch das oder das.

Merkst Du, wie negativ man denken kann? Also die Angst vor der Angst, sich den Herausforderungen stellen zu können oder zu müssen. Das beinhaltet zudem noch, dass Du dein Leben komplett danach gestaltest. Du bist gefangen im Kreislauf des Grübelns!

<u>Ab sofort denkst Du um! Glaubenssätze wandeln!</u>

Dies ist erlernbar und schneller als Du denkst!

Dabei möchte ich ein wunderbares Zitat wiedergeben, jedoch weiß ich trotz Recherchen nicht, wer dieses so gesagt hat, aber absolut zutreffend ist.

„Der Mensch wird als Unikat geboren und stirbt als Kopie."

Jetzt beziehe dieses Zitat auf Dich. Du wirst als Unikat geboren und stirbst als Kopie. Was darf man darunter verstehen?

Schon von Kindesbeinen an, erlernen wir vieles selbst - durch das Zusehen, Kopieren, Fühlen, Riechen, Tasten, Schmecken - aber uns werden auch Glaubensmuster und Glaubenssätze eingetrichtert. Diese Glaubensmuster und Glaubenssätze werden zumeist von unseren Eltern in unserem Unterbewusstsein tief eingepflanzt. Ohne jegliche böse Absicht. Denn Eltern möchten ihre Kinder beschützen und Sorge tragen, dass Du zu einem aufmerksamen, pflichtbewussten, ehrlichen, loyalen und empathischen Menschen heranwächst und Du Dich im erwachsenen Alter selbst „beschützen" kannst, um Dein Leben meistern zu können.

Du lernst von Kindesbeinen an, die Vermeidungstaktik anzuwenden. In vielen Dingen des Lebens ist dies auch gar nicht negativ aufzunehmen. Denn, wenn die Glaubensmuster und Glaubenssätze alleine schon durch das Zusehen bestätigt werden, vertiefen sich diese umso mehr.

Du aber leidest an einer gesundheitlichen Störung, das heißt, dass Du nicht mehr in der Lage bist, zwischen der positiven und negativen Vermeidungstaktik unterscheiden zu können.

Dazu ein wunderschönes Beispiel:

Was würde passieren, wenn ich einem Kleinkind täglich mindestens für sechs bis acht Wochen sagen würde: „Achtung vor Hunden - alle Hunde beißen!"

Das Kind wird sich vor Hunden ängstigen - egal ob es ein kleiner oder ein ganz großer Hund ist. Du, ich und wir alle wissen, dass das absoluter Schwachsinn ist und wir keine Angst vor fremden Hunden haben müssen.

Wir übertragen aber die Angst auf ein junges Kind, weil wir es vor Gefahren schützen möchten. Viele verstehen leider nicht, was sie ihrem Kind damit antun. Wir belasten das Kind schon sehr früh mit negativen Gefühlen. Wollen wir das?

Vor allem, wenn Du nicht weißt, ob der Hund gefährlich ist - wer gibt Dir das Recht einem Kind einzutrichtern, dass alle Hunde beißen?

Du bist in diesem Moment nicht objektiv genug, sei es, weil Du mal eine schlechte Erfahrung gemacht hast oder weil Du selbst diese Glaubenssätze vermittelt bekommen hast. Vielleicht bist Du auch mal von einem Hund gebissen worden. Jedoch heißt das nicht, dass alle Hunde beißen. Wenn Du gebissen worden bist, kanntest Du den wahren Grund dafür? Hast Du Dich vielleicht falsch verhalten und der Hund hatte Angst bekommen und deshalb zugebissen? Wenn Du heute darüber nachdenkst, was könnte der wahre Grund gewesen sein?

Wie würde es für Dich klingen, wenn wir dem Kind folgendes erklären würden, was auch der Wahrheit entspricht und Du nicht Deine Glaubenssätze überträgst?

„Fremde Hunde nicht anfassen oder streicheln, wenn keiner dabei ist. Frage immer, ob Du den Hund streicheln darfst. Denn es gibt Hunde, die mögen nicht gestreichelt werden von Menschen, die sie nicht kennen, weil die Hunde dann Angst haben. "

Das klingt doch schon viel neutraler und wir induzieren dem Kind nicht schon eine negative Suggestion bzw. einen negativen Glaubenssatz. Das Kind wertet diese Aussage als neutral. Ein Kind möchte von Natur aus keinem Angst einjagen, daher wertet das Kind dieses ebenfalls als neutral.

Dieses Beispiel ist nur eines von vielen, Du kannst es auf alle Dinge anwenden, die es in Deinem Leben gibt.

Es ist wissenschaftlich bewiesen, dass unser Gehirn wie ein riesiger Computer ist, der Erlerntes automatisch übernimmt - somit also auch Glaubenssätze, egal ob diese positiv oder negativ sind, ob sie wahr oder unwahr sind. Unser Unterbewusstsein regelt dies automatisch und kramt dann automatisch diesen erlernten Glaubenssatz hervor, wenn das Kind nun einen Hund sieht. Das Kind hat also vorher schon Angst, obwohl das Kind das Tier gar nicht kennt. Dieses ruft bei einem Kleinkind eine Alarmreaktion hervor - die Angst gebissen zu werden, welches mit Schmerzen verbunden ist.

Das Unterbewusstsein schafft es innerhalb kürzester Zeit, auch neue Denkweisen und Gewohnheiten abzuspeichern und diese „vollautomatisch" anzuwenden, ohne, dass Du etwas dazu beisteuern müsstest.

Wie das geht zeige ich Dir jetzt auf:

Du möchtest Dir vornehmen jeden Tag einen Apfel zu essen. Du legst Dir überall einen Apfel hin. In der Küche, im Wohnzimmer, im Schlafzimmer und im Flur. Sodass Du immer wieder daran erinnert wirst, sobald Du ihn siehst, dass Du täglich einen Apfel essen möchtest. Nach ungefähr 10 Tagen wird Dir automatisch auffallen, dass Du noch keinen Apfel gegessen hast, nach ca. 20-30 Tagen wird es Dir sogar fehlen, wenn Du keinen Apfel mehr isst. Das heißt, unser Unterbewusstsein wurde darauf programmiert, dass Du täglich einen Apfel isst. Hast Du keine Äpfel mehr vor Ort, wirst Du Äpfel kaufen gehen. Du musst Dich auch nicht mehr bewusst daran erinnern einen Apfel zu essen, dies geschieht vollkommen natürlich - gesteuert durch Dein Unterbewusstsein.

Unser Unterbewusstsein ist für unsere Persönlichkeit die wichtigste Machtzentrale in unserem Körper. Alle Selbstheilungskräfte werden ebenfalls vom Unterbewusstsein gesteuert. Nicht umsonst gilt das Zitat „Der Glaube versetzt Berge!". Dies ist natürlich bildlich zu verstehen.

Dennoch liest und hört man immer wieder Menschen, die in bestimmten Situationen so über sich hinauswachsen, dass sie Unmenschliches zu schaffen vermögen.

Das ist eben genau der Punkt: Wir sind uns bis heute nicht darüber bewusst, was wir Menschen erreichen können, weil wir vieles in unserem kostbaren Leben nicht sehen möchten. Menschen sind so streng mit sich selbst, nur um Fehler zu vermeiden, um andere Menschen nicht zu enttäuschen und zu verletzen und um nicht als Verlierer zu gelten, wenn man ein bekanntgegebenes Ziel nicht erreicht hat.

Du spürst sicherlich, dass die ersten Fragen und ebenso die Fragen auf den weiteren Seiten exakt darauf abzielen, wie Du lebst und was Du tust und wie Du aktuell noch denkst.

Wir nähern uns immer weiter, bis Du zum Ende dieses Buches genau weißt, was für Dich das Beste ist um Deine Angststörung zu lindern oder gar zu heilen. Du setzt Dich mit Dir selbst auseinander.

Ich behaupte nicht, dass es einfach ist oder wird, denn die Wahrheit ist, es wird noch viel unangenehmer für manchen Leser dieses Buches. Ich halte Dir also Deinen eigenen Spiegel vor, ohne dass ich Dich kenne.

Aber sei stolz auf Dich: ich weiß es klingt gerade nach den ersten Seiten, ein wenig nach dem „Yes, we can"-Slogan, aber Du bist bis hierher schon gekommen. Du wirst bereits jetzt schon einige Punkte gefunden haben, die Dich bestärken, weiterzumachen. Vielleicht hat auch schon ein Umdenken bei Dir stattgefunden.

Wunderbar, lass es einfach zu und geschehen.

Aufgabe 3

Lies Dir bitte Deine Antworten zur Aufgabe 2 durch, und ändere Deine negativen Antworten und Erlebnisse ins Positive.

Beispiel:

Du hast geschrieben:

„Ich vermeide einzukaufen, weil ich im Supermarkt eine Panikattacke bekommen könnte."

Deine Antwort darauf:

„Ich freue mich einzukaufen - vielleicht treffe ich dort einen Bekannten oder einen Freund, den ich länger nicht gesehen habe. Es tut so gut endlich einzukaufen, ich genieße es und es macht mir richtig Spaß. Ich habe keine Angst, denn meine Symptome sind vollkommen ungefährlich"

Am Anfang wird es dir nur schwer gelingen. Deshalb erinnere Dich immer an mein Beispiel mit dem Apfel - je öfter Du einkaufen gehst und dabei auch nette Freunde / Bekannte triffst, umso schwächer wird die Angst einkaufen zu gehen. Du hast mehr Selbstvertrauen gewonnen und wirst gelassener, weil Du gelernt hast, dass Dir die Panikattacke nichts anhaben kann. Versuche es, lass Dir so viel Zeit, wie Du dafür benötigst.

Ich lasse hierzu extra wieder zwei Seiten frei, damit Du genügend Platz hast, Dich ins Positive auszutoben. Sollte der Platz nicht ausreichen, nimm einfach ein zusätzliches Blatt und lege es anschließend mit ins Buch.

Dein Platz 1

Dein Platz 2

65

Super, Aufgabe 3 hast Du erledigt!

Gehe bitte wieder in die Wohnung Deines Tyrannen, schleiche Dich hinein, spüre und fühle, dass Du jetzt in der Höhle des Tyrannen bist und Du siehst, wie sie sich langsam leert. Nimm wieder ein paar Dinge mit und werfe sie einfach auf den Müll. Nimm nicht alles mit, sondern immer nur ein paar Dinge, Stück für Stück, und Schritt für Schritt.

Ich weiß aus eigener Erfahrung, dass dies bestimmt keine leichte Aufgabe für Dich war, aber, wenn Du dir jetzt etwas zu trinken holen würdest und Du liest Dir nochmal Deine gewandelten Antworten zur Aufgabe 3 durch - was spürst Du dabei?

Wie fühlt es sich jetzt an? Gut? Gibt es Dir neue Kraft?

Ich möchte, dass Du weißt, das wir Menschen das eigene „programmierte" Produkt unseres Seins sind. Wir programmieren unser Gehirn also selbst, durch das Sehen, Hören, Fühlen, Tasten, Riechen und all die ganzen Lebensereignisse, sowie die gesammelten Erfahrungen. Niemand, auch absolut niemand hat ein perfektes Leben!

Ich möchte, dass Dir das bewusst wird!

Was bedeutet denn ein perfektes Leben? Wir würden automatisch leben - ohne Gefühle und Emotionen. Wie langweilig ist das denn? Hast Du etwa Lust ein Leben als Roboter zu führen? Ich denke nicht. Ich gehe davon aus, dass Du Dein Leben selbstbestimmt führen möchtest. Ganz nach Deinen eigenen Interessen und Vorstellungen. Was wäre ein Leben ohne Herausforderungen?

Viele Menschen suchen ständig das Glück. Aber was ist Glück? Was ist ein glückliches Leben? Diese krampfhafte Suche nach dem perfekten Glück. Egal, ob auf der Suche nach dem perfekten Partner, dem perfekten Job, dem perfekten Leben?

Kommt dir das gerade sehr anstrengend vor?

Sehr gut. Denn ich möchte, dass Du weißt, dass Du nicht das Glück, sondern die Zufriedenheit suchen solltest.

Doch was ist der Unterschied zwischen Glück und Zufriedenheit?

Glück:

Glück ist ein Zustand der Momentaufnahme und schnell vergänglich

Beispiel:

„Du hast soeben 6 Richtige im Lotto gewonnen. Du freust Dich zurecht und bist total glücklich, weil Du wahrscheinlich jetzt Millionär bist. Aber bist Du immer noch glücklich, wenn Du Deinen Gewinn schon ein paar Monate auf deinem Konto hast?"

Natürlich bist Du glücklich, dass Du gewonnen hast, aber ist Dein Leben immer noch voller Glück? Besteht Dein Leben also nur aus Glück aus purer Euphorie? Oder möchtest Du es einfach genießen und passt Dein Leben dementsprechend an?

Zufriedenheit:

Zufriedenheit bedeutet, innerlich ausgeglichen zu sein und nichts Anderes zu verlangen, als man hat, oder mit den gegebenen Verhältnissen, Leistungen oder ähnlichem einverstanden zu sein und nichts auszusetzen zu haben.

Was passiert mit Deiner Angststörung, wenn Du auf einmal mit Dir und Deinem Leben zufrieden und ausgeglichen bist und Du keine sogenannten Altlasten mehr vor Dir herschiebst?

Richtig, wahrscheinlich leidest Du dann nicht mehr unter Deiner Angst- und Panikstörung.

Ich rate meinen Klienten immer die Zufriedenheit zu suchen. Weil Zufriedenheit ein anhaltender und dauerhafter Prozess ist, worauf man selber Einfluss hat.

Warum ich vom dauerhaften Glück nichts halte, ist einfach erklärt, denn Glück ist - wie bereits erwähnt - nur eine kurze Momentaufnahme. Stell dir mal vor, dein Glück schwindet direkt wieder, was dann? Ich setze mich schon wieder direktem Stress aus - das nächste Glück zu suchen - ständig, immer und überall, auch wenn Du es nicht bewusst machst, Du tust es trotzdem, dank Deines Unterbewusstseins.

Kennst Du die Nachteile, nach der ständigen Suche des Glücks?

Du setzt Dich unterschwellig unter Druck. Deine Suche und der ständige unterschwellige Druck, das dauerhafte Glück zu suchen, speichert Dein Gehirn ab und legt es nach einer Zeit ins Unterbewusstsein ab und hält es Dir 24 Stunden vor. Du bist wieder ein Stresslevel höher!

Wenn Du aber Zufriedenheit suchst, dann wirst Du ausgeglichener sein und nimmst Dein Leben viel bewusster war. Vor allem achtest Du auf Dich, da Du diesen Zustand dauerhaft erreichen bzw. erhalten möchtest. Es gibt dann einfach keinen Platz in Deinem Leben für irgendwelche psychischen Krankheiten, wie zum Beispiel die Angststörung und andere unliebsame psychische Störungen.

Lies bitte jetzt nochmal Deine in Aufgabe 3 gewandelten Sätze und schließe nach jedem Satz Deine Augen und wiederhole diese in Deinen Gedanken. Atme dabei tief ein und aus. Solltest Du Dich dabei so richtig wohlfühlen, dann bleib ruhig noch etwas in Deinen positiven Satzveränderungen, genieße es und stelle es Dir so bildlich vor, wie Du nur kannst, bevor Du zur Aufgabe 4 übergehst.

Bitte wiederhole es täglich!

Aufgabe 4

Bitte notiere hier Deinen heutigen Tagesablauf. Dabei möchte ich, dass Du - wie immer - sehr ehrlich zu Dir bist.

Notiere Dir hier, wann Du aufstehst und was Du heute machen wirst und am Abend was Du erlebt hast.

Eine Besonderheit kommt noch hinzu: Ich möchte, dass Du ganz bewusst notierst, mit Uhrzeit und Dauer, wie lange Du heute privat im Internet unterwegs bist. Dazu zählt alles, wie WhatsApp, Facebook, Instagram oder sonstige private Dinge, sowie privates Telefonieren.

Schreibe es ganz exakt auf!

Ich lasse dazu zwei Seiten frei, damit Du detailgetreu aufschreiben kannst, was Du getan hast.

.

Dein Platz 1

Dein Platz 2

Super, erfolgreich Aufgabe 4 erledigt.

Schließe deine Augen, gehe wieder in die Wohnung Deines Tyrannen, nimm wieder ein paar Dinge mit und werfe sie gnadenlos auf den anderen Müll hinzu.

Ich möchte nun dazu kommen, wofür Du wahrscheinlich viel Zeit verschwendest und Du Dich nach einer gewissen Zeit, unbewusst unter Dauerstrom (Stress) setzen lässt.

Wenn Du Dir deine Antworten zur Aufgabe 4 ansiehst, was fällt Dir auf?

Womit hast Du sehr viel Zeit verbracht?

War es etwa mit Deinem Smartphone?

Ehrlich, wie oft hast Du alleine auf WhatsApp, Instagram oder ähnlichem nachgesehen und dann direkt geantwortet?

Stehst Du ständig parat, wenn Dein privates Mobiltelefon geht? Antwortest Du immer direkt? Postest Du alles und direkt? Ist es schon ein Zwang? Angst, nicht „up to date" zu sein? Geht für Dich die Welt unter, weil Du ausversehen Dein Handy vergessen hast?

Folgende Gründe gibt es, warum ich Dich darauf hinweise:

Dein Tag war vielleicht schon stressig genug, dann setzt Du Dich bewusst noch mehr Stress aus, weil Du auch ein Sklave deines Mobiltelefons oder des Internets geworden bist. Mir persönlich ist es vollkommen egal wie oft Du es in die Hand nimmst und Dich künstlich noch zusätzlichen Stress aussetzt. Es ist mir auch egal, ob Du schon tierisch nervös wirst, weil Du Dein Handy einmal vergessen hast und Deine Welt dabei untergeht Aber ich möchte Dir die Augen öffnen, was der Alltag mit uns macht. Dazu zählen nicht nur die Mobiltelefone, sondern auch Dinge, die dazu verleiten, dass Du keine Zeit für Dich hast.

Zeit für Dich, heißt, einfach mal das tun, worauf Du Lust hast - ohne eine ständige Jagd. Zeit, die Du ausschließlich für Dich nutzen kannst und sollst, für Dich alleine und mit Dir ganz alleine ohne irgendwelche Kommunikationswege nach außen!

Du stehst immer an erster Stelle!

Dabei nehme ich das wunderschöne Smartphone nur als Beispiel, denn Du möchtest Dich von Deiner Angststörung befreien.

Während meiner Vorlesungen und Seminare war es früher so, dass die Raucher mich darum gebeten haben, alle 2 Stunden eine 10-15-minütige „Raucherpause" einzulegen, was mir zu Gute kam, da ich leider auch ein qualmender Nikotinsklave bin.

Heutzutage, in meinen Seminaren, sehe ich zu 95% aller Teilnehmer, dass als erstes das Handy gezückt wird, noch vor der Zigarette. Wenn Du diesen Absatz jetzt gelesen hast, gehe ich davon aus, dass Du gerade schmunzelst und es Dir genauso ergeht?

Die folgenden Zeilen sind natürlich auch auf andere freizeitbezogene Dinge zu beziehen. Um uns von der Angststörung zu befreien, ist es unabdingbar, dass wir uns **keinem** negativen, sowie emotionalen Stress aussetzen. Einfach mal ein wneig mehr MINIMALISMUS für unser Nervenkostüm.

Menschen, die unter einer Angststörung leiden, sind auch gerne mal für sich alleine und sehnen sich danach, zumindest am Tag mindestens ein bis zwei Stunden nur für sich zu sein. Sie wünschen es sich, aber sie nehmen sich einfach nicht die Zeit dafür. Deshalb lautet meine Frage: Warum nimmst Du Dir nicht die Zeit? Wenn Du dazugehören solltest! Warum lässt Du Dich versklaven?

Warum sagst Du nicht einfach mal NEIN?

Wann kommst Du? Nimm Dir die Zeit mit aller Kraft!

Es gibt keine Ausrede. Man kann es immer organisieren, egal ob als alleinerziehende Mutter oder in einer intakten Familie. Es gibt immer Wege, sei Dir dies bewusst.

Erzwinge Dir Deine Zeit für Dich, ohne Wenn und Aber!

Ich möchte Dir näherbringen, was es heißt NEIN zu sagen, und was es heißt auf sich zu achten.

Hierzu dient wieder unser allseits geliebtes Handy als Funktionsbeispiel:

Sobald Dein Smartphone klingelt oder ein Zeichen von sich gibt, nehmen wir es vollkommen automatisch in die Hand, um die Nachrichten zu lesen und dann auch umgehend zu antworten. Das heißt, Du hast einen

„Hinweisreiz" in Deinem Kopf geschaffen.

Ist das nicht ein schönes Wort?

Es gibt einfach nur einen Ton von sich und Du reagierst sofort darauf. Wie ein dressierter Hund, der auf Kommando hört.

Wahrscheinlich stehst Du morgens auf und bevor Du den ersten Kaffee oder Tee getrunken hast, sind schon alle Nachrichten gelesen. Damit wirst Du auch, wenn Du viel in Social Media Plattformen unterwegs bist, nicht nur mit den Dingen konfrontiert, die Dich auch wirklich interessieren, sondern auch Dinge, die Dich eigentlich gar nicht interessieren. Du liest vielleicht auch Dinge, die einen negativen Einfluss auf Dich haben. Unser Unterbewusstsein - auch wenn es Dich gar nicht interessiert - speichert auch die für Dich unwichtigen Nachrichten und Bilder ab. Anhand der ganzen Werbung, die psychologisch sehr ausgeklügelt ist, funktioniert das sogar ganz bewusst. Du wirst manipuliert und diese Rechnung geht im Gesamten fast immer auf. Nur, dass Du Dich in diesem Fall, von einem Hinweisreiz fest manipulieren lässt - ein Ton/ eine Reaktion - ohne darüber nachzudenken.

Wenn Du über 40 Jahre jung bist, wirst Du die Zeit noch ohne ein Handy kennen. Wenn Du ehrlich bist, war diese Zeit wesentlich entspannter, weil wir nicht sofort zur Verfügung stehen mussten. Weder für den „Chef", für den Betrieb, für die Freunde, Bekannte oder die Familie.

Im Folgenden möchte ich Dich einfach fragen, ob Du in Deinem Umkreis auch einen Handyterroristen hast, der Dich wie in dem folgenden Beispiel terrorisiert:

„Ich hatte dich heute schon zweimal angerufen und dir 4 Nachrichten geschickt. Warum hast du nicht geantwortet?"

Kennst Du auch solche Terroristen? Diese erbarmungslosen, armen Menschen unter uns, die wahnsinnig werden, weil Du nicht reagierst. Die sogar wütend werden, je länger Du nicht reagierst oder sogar ausfällig? Sie spielen sogar die beleidigte Leberwurst?

Werde Dir bewusst: sie interessieren sich Null für Dich, sie wollen die Kontrolle über Dich haben. Sie wollen, dass Du so funktionierst, wie Du in ihr Schema passt. Sie möchten, dass Du sofort reagierst, sie dressieren Dich, sie manipulieren Dich! Sie kommen mit den größten Ausreden, die „hollywoodreif" und total überzogen sind, wenn Du sie darauf ansprichst. Sie werden immer eine passende Antwort parat haben, um

Dich zu beruhigen und Du wirst sie leider sogar akzeptieren, weil sie wissen, wie sie Dich manipulieren können, so dass es gar nicht mehr so schlimm klingt, als es in Wahrheit aber ist oder war.

Auch mir ist das schon passiert und ich habe mich dabei ertappt, als ich anfing mich zu rechtfertigen. Müssen wir uns rechtfertigen? Ein ganz klares NEIN!

Als mir auffiel, dass ich mich rechtfertigten wollte, gab ich demjenigen die folgende Antwort:

„Ich klebe nicht an meinem Telefon. Ich entscheide immer noch selbst, wann ich ans Telefon gehe und ob und wann ich die Nachrichten beantworte. Es hat schon seine Gründe gehabt, wenn ich nicht drangehen oder antworten konnte.“

Es ist sehr wichtig und unabdingbar, Menschen Grenzen aufzuzeigen und zu verdeutlichen, dass diese einzuhalten sind, wenn Du ihnen etwas bedeutest.

Diese Person wird durch diese klare Ansage in Zukunft etwas gelassener, nur, weil Du nicht sofort reagierst, denn er wird die Erfahrung sammeln, dass Du dich meldest, sobald Du Lust und Zeit hast. Gerade in partnerschaftlichen Beziehungen ist dieses zum Volkssport geworden, den Partner immer wieder darauf anzusprechen und eine Rechtfertigung zu erlangen. Meistens ist das ein eindeutiger Mangel an Selbstbewusstsein - also ein Zeichen dafür, dass der Partner Dir nicht vertraut und sich direkt das schlimmste Horrrorszenario ausdenkt. Sein Kopfkino läuft und funktioniert einwandfrei.

Wenn es eine wichtige Person für Dich ist, dann kannst Du es viel netter vortragen als ich es getan habe - wie in etwa so:

„Ich hatte einfach keine Zeit, aber jetzt sprechen wir ja …“

Diese Aussage ist weder gelogen noch zu hart, denn wenn Du nicht ans Telefon gehen möchtest, weil Du Zeit für Dich brauchst, dann hast Du keine Zeit für andere Dinge und andere Personen.

Also, wenn Du so einen Telefonterroristen hast, mach demjenigen eine klare Ansage und rechtfertige Dich niemals! Du brauchst kein schlechtes Gewissen zu haben.

Dieses Beispiel bezieht sich auf alle Dinge des Alltags und gilt ebenso für alle Personen. Nur wer ein schlechtes Gewissen hat, rechtfertigt sich und es gibt kein schlechtes Gewissen zu haben, weil Du Zeit für Dich brauchst.

Es ist kein reales Gefühl, sondern ein vermittelndes Gefühl.

Du stehst immer an erster Stelle.

Nun bin ich ein wenig abgeschweift und möchte auf den eigentlichen Punkt zurückkommen, weshalb wir lernen müssen Nein zu sagen.

Welche Befürchtungen hast Du, wenn Du lernst Nein zu sagen?

Ich möchte Dich beruhigen, denn viele Menschen haben „Angst" NEIN zu sagen, weil sie denken es könnte Konsequenzen haben. Deine Befürchtungen sind absolut unbegründet.

Jedoch glaube ich, Deine Befürchtungen zum größtenteils zu kennen, denn diese sind generell immer bei fast allen Menschen die gleichen!

Diese lauten in etwa so:

- Bin ich schuld, wenn der andere enttäuscht, verärgert ist oder sich verletzt fühlt?

- Bin ich etwa egoistisch?

- Bin ich herzlos?

- Verliere ich damit etwa Freunde, Bekannte oder sogar meinen Partner?

- Werde ich etwa abgelehnt, weil andere mich gerne anders hätten?

- Werden die mich meiden und ich bin dann ganz alleine?

- Was sollen die anderen über mich denken?

Es gibt sicherlich noch viel mehr Aussagen als diese, aber ich werde Dir zu verstehen geben, dass genau das Gegenteil eintreffen wird, wenn Du selbst und bestimmst NEIN sagst. Ebenso wirst Du verstehen, warum sich keine negativen Konsequenzen daraus ergeben werden.

Auch hier spielt die elterliche Erziehung wieder eine sehr große Rolle. Ich hatte am Anfang des Buches erwähnt, dass man uns Glaubenssätze einprogrammiert und genau zu diesem wichtigen Punkt gibt es einiges zu sagen.

Vielleicht hast du als Kind folgende Beispiele erlebt:

„Wenn du nicht brav bist, dann bekommst du nichts zum Geburtstag.“

oder

„Wenn du mit mir heute nicht zum Zahnarzt fährst, dann hast du eine Woche Stubenarrest.“

Du hast bestimmt Deine eigenen ganz persönlichen Beispiele aus Deiner Kindheit.

Ich bitte Dich, Deine Erfahrungen hier zu notieren:

Nimm Dir Zeit, denke einfach mal zurück.

Versuche nun einmal zu notieren, was Du denkst, was Dich heute, aus Deiner Kindheit in Deinem Leben behindert bzw, blockiert.

Du wirst erstaunt sein, wie viele Kleinigkeiten es werden und sich zu einem großen anhäufen.

Aufgabe 5

Kennst Du die Situation, sich selbst nicht verzeihen zu können?

Warum spreche ich dieses Thema im Buch an? Ganz einfach: fast alle Menschen fühlen sich aus irgendwelchen Gründen für viele Dinge schuldig. Schreibe hier bitte auf, wo Du Dich für schuldig hältst - sei es, ob Du einem Menschen seelisch oder körperlich Schmerzen zugefügt hast - einfach alles! Sei es auch noch so gering Deiner Meinung nach, selbst eine Lüge die Dich nicht loslässt, schreibe es einfach auf, denn Du weißt, dass unser Gehirn ein hiesiger Speicher ist, in dem alles abgespeichert wird.

Hierzu lasse ich zwei Seiten frei für Dich, bitte tobe Dich aus! Bitte schreibe die Dinge ausführlich auf und selbst die, die für Dich im ersten Moment nicht so wichtig erscheinen.

Gehe zurück von heute bis zu Deiner Kindheit!

Dein Platz 1

Dein Platz 2

Gut gemacht, weiter geht es.

Gehe bitte wieder in die Wohnung des Tyrannen, schau Dich einmal um, damit Du sehen kannst, wieviel Du entrümpelt hast. Nimm wieder ein paar Dinge mit und werfe sie mit voller Kraft auf den Müll.

Es war bestimmt nicht einfach, in Deiner Vergangenheit zu graben und das, was Du eigentlich vergessen wolltest, wieder hervorzuholen und dann niederzuschreiben. Du kannst aber Stolz sein, da Du Dich gerade an einer ganz empfindlichen Stelle befindest, die sehr Intim ist.

Ich möchte Dir die Wichtigkeit dieses Themas näherbringen, wenn man sich ständig schuldig fühlt und man sich selbst nicht verzeihen kann.

Habe keine Angst - es wird Dir gut tun, dieses zu verstehen und Du lernst damit umzugehen und kannst dadurch vielleicht mit Deiner inneren Klärung es aufarbeiten und endlich damit abschliessen.

Verzeihe dir selbst!

Sich zu verzeihen, bedeutet, zu akzeptieren, dass wir fehlbar sind.

Jeder Mensch entwickelt im Laufe seines Lebens ein mehr oder weniger starkes Unrechtsbewusstsein.

Was wir im Laufe der Kindheit bis zum Erwachsenenalter abspeichern lautet: Fehler sind schlecht.

Auch hier werden wir getriggert, sei es durch das Justizsystem, durch das Elternhaus oder durch die Schule oder sogar von Vorgesetzten oder von falschen Freunden und Bekannten.

Wir bestrafen uns unbemerkt selbst, weil wir uns schuldig fühlen.

Wenn wir uns selber nicht verzeihen, weil wir uns für unsere Schuld verachten, verurteilen wir uns selbst und dieses blockiert uns ein Leben lang und diverse psychische Störungen sind damit vorprogrammiert.

Wenn wir uns bewusst werden, dass ein Schuldgefühl gar kein echtes Gefühl ist - sondern lediglich eine Schlussfolgerung und Bewertung unserer Taten - sind wir auf dem besten Weg uns selbst verzeihen zu können.

Sich nicht verzeihen zu können, hat zur Folge, dass wir in Selbstzweifel untergehen. Wer ständig an sich selbst zweifelt, verliert an Eigenständigkeit seines Lebens, er blockiert sich und verliert damit sein selbstbestimmtes Leben durch diese hiesige Blockade in uns.

Die Zweifel, mit denen wir uns selbst bestrafen, machen weder unsere Taten ungeschehen, noch vermeiden sie künftige Fehler. Sie sind total ungesund und bringen uns auch nicht nach vorne. Dabei ist es auch wichtig, zu erkennen, dass wir dabei nicht mehr auf uns selbst achten, weil wir die Schuldgefühle tagtäglich bewusst und unbewusst in den Fokus stellen.

Dies erkennen wir nicht immer sehr deutlich, aber unterschwellig ist dieses Schuldgefühl immer vorhanden.

<u>Ein zerstörendes Beispiel:</u>

Wenn Du Dich selbst zerstören möchtest, dann wühle in Deiner Vergangenheit und liste alles auf, was dir misslungen ist und wo Du gescheitert bist. Ziehe jetzt daraus die einzige Schlussfolgerung, dass Du nicht die nötige Begabung hast, um persönlich, beruflich und finanziell erfolgreich zu sein. Dabei überträgst Du Deine negativen Erfahrungen auf die Zukunft und sage Dir bei allem „Das kann ich nicht, das schaffe ich nicht"

Kurzum, finde immer einen Grund, warum Du etwas nicht umsetzen oder schaffen kannst!

Es wäre das Dümmste, was Du tun kannst, denn dann wirst Du weiterhin unglücklich und voller Selbstzweifel bleiben.

Es wird Zeit aufzuwachen, Zeit sich zu verändern, Zeit das „alte Ich" hinter sich zu lassen. Es bringt nichts, in der Vergangenheit kleben zu bleiben - was würde es Dir auch bringen?

Mach Dich nicht zum Feind deines eigenen Ichs.

Alle Menschen, ohne Ausnahmen, haben Schuldgefühle! Es gibt Dinge im Leben, darauf ist man stolz und es gibt Dinge, die möchte man eigentlich lieber aus dem Gedächtnis löschen. Wenn wir uns aber bewusst werden, dass ich als Mensch genauso das Recht habe, Fehler zu machen und daraus zu lernen, dann darf man sich auch selbst verzeihen. Wir müssen nicht unser gesamtes Leben mit diesen Schuldgefühlen leben, Dein Gegenüber auch nicht, kein Mensch. Sich Fehler einzugestehen und diese in Zukunft zu vermeiden, ist ein Prozess. Ein Mensch kann sich nur durch Fehler weiterentwickeln. In den meisten Fällen geht es - Gottseidank - nicht um schwerwiegende Lasten. Jedoch auch die, die nicht so schwerwiegend sind, belasten uns Menschen. Deshalb hat jeder Mensch das Recht, aus seinen Fehlern zu lernen und sich selbst zu verzeihen!

Ebenso, gibt es Dinge im Leben die einem Schuldgefühle vermitteln, wo Du gar nichts für kannst, weil es einfach „dumm gelaufen" ist.

Deshalb merke Dir diese beiden Zitate von mir:

„Aus Fehlern lernen - ohne Schuldgefühle das Vergangene zu akzeptieren und loszulassen, ist das Bestreben zur eigenen Weiterentwicklung für ein zufriedenes Leben."

Marc Netzer

und

„Liebe Dich so, wie du es wert bist, geliebt zu werden. Bist Du es dir nicht wert, dich selbst zu lieben, musst du Wege finden, um Dich als Deine größte Liebe des Lebens zu sehen, um diese zu entdecken"

Marc Netzer

Aufgabe 6

Schreibe hier bitte auf, was sich ändern müsste, damit Du jeden Tag Deiner kleinen Auszeit, wie z.B. deinem Hobby nachgehen kannst und dieses auch erfolgreich eintrifft.

Habe keine Angst, schreib es einfach auf, lass Deine Gedanken sprudeln. Ich lasse hierfür auch wieder zwei Seiten Platz für Dich.

Dein Platz 1

Dein Platz 2

Toll, Aufgabe 6 erledigt, super gemacht! Spürst Du, wie Du von Aufgabe zu Aufgabe wächst, was sich in Dir regt?

Gehe wieder in die Wohnung, vergiss nicht, es ist Deine Wohnung, Dein Tyrann zahlt keine Miete dafür, es ist Deine Wohnung, werde Dir dessen bewusst. Nimm wieder ein paar Dinge mit, schaue Dich um, wie leer die Wohnung langsam wird und werfe diese Dinge wieder auf den Müll.

Wenn Du nun an einem Punkt angekommen bist und Du verstehst, dass Du wahrscheinlich Deine eigenen Interessen immer hinter denen anderer anstellst, ist dies eine gute Erkenntnis um diesen „Schaden" zu beheben.

Warum gehst Du deinem Hobby nicht nach?

Ist es aus Zeitgründen?

Aus Bequemlichkeit?

Weil du Angst hast, in Deinem Hobby nicht gut zu sein?

Weil Dein Hobby so komisch ist, dass Du Angst hast abgelehnt zu werden?

Oder ist es viel zu kostenintensiv?

Warum?

Schreibe bitte hier Deine Gründe auf, weshalb Du Dein Hobby nicht regelmäßig verfolgst:

Ich lasse dazu wieder zwei Seiten frei.

Dein Platz 1

Dein Platz 2

Wahrscheinlich hast Du gerade erfolgreich festgestellt, warum Du Dein Hobby / Deine Interessen nicht ausübst bzw. diesen nicht regelmäßig nachgehst.

Sollte es aus zeitlichen Gründen sein, besteht die Tatsache darin, dass Du Deinem Hobby/ Deinen Interessen nicht die nötige Priorität widmest. Das ist FAKT!

Sei Dir bewusst: wenn Du etwas wirklich möchtest, dass Du Dir diese Zeit nimmst. Zum Beispiel, wenn es Dein Hobby ist, was Du leidenschaftlich und mit Spaß ausübst.

Solltest Du Deinem Hobby aus Bequemlichkeit nicht nachgehen, so zwinge Dich dazu, steh auf, auch wenn Du keine Lust hast. Zwinge Dich dazu Deinem Lieblingshobby so oft wie möglich nachzugehen und dieses auszuüben! Du kennst es wahrscheinlich von anderen Dingen im Leben. Nehmen wir an, Du bist auf einer Party eingeladen. Eigentlich hast Du keine Lust, aber Du gehst trotzdem hin und meistens war die Party viel schöner als alle anderen davor. So wird es auch bei Dir sein, wenn Du Deinem Hobby nachgehst. Führe Dein Hobby auch aus, wenn Du darin nicht so gut bist aber Du es liebst. Denn die Liebe zu Deinem Hobby sorgt dafür, dass Du zufriedener und ausgeglichener wirst. Deine Zufriedenheit steigt. Ich kenne etliche Menschen in meinem Umkreis, die beim Tennis (mein Hobby) nicht so gut sind wie ich, aber dennoch so viel Spaß daran haben und immer mit einem zufriedenen Lächeln vom Tennisplatz kommen.

Hier ein Auszug eines Bekannten von mir:

„Ich bin mit Menschen zusammen die ich mag, mit denen ich mich sportlich betätige und anschließend das schöne Beisammensein genieße. Ich tanke Kraft daraus"

Eine tolle Einstellung! Es geht nicht immer um das Gewinnen, sondern um das TUN. Nur wenn Du anfängst Dich Deinem Lieblingshobby zu widmen, wirst Du eine innere Erfüllung finden. Es kommt nicht darauf an, wie gut Du darin bist, sondern, dass Du es machst und Du bist Herzblut dabei bist.

Selbst, wenn Du ein „komisches" Hobby, also ein nicht so geläufiges Hobby, ausübst und Du Angst vor Ablehnung hast, kann ich Dich beruhigen, das wird nicht passieren. Ich möchte Dir dazu ein Beispiel aufzuzeigen.

Ich kenne ein junges Pärchen. Die Frau strickt in ihren jungen Jahren. Ein außergewöhnliches Hobby für eine etwas über 20-jährige Frau, oder? Es mag sein, dass das Stricken immer noch mit einer alten Frau (Oma) in Verbindung gebracht wird. Jedoch, wer sagt, dass nur Damen in einem gehobenen Alter stricken dürfen? Ich finde es toll, dass sie so viel Spaß daran hat! Alles, was Dir gut tut und sei es ein noch so außergewöhnliches Hobby, mach es! Jeder Mensch hat verschiedene Interessen und ist es nicht toll, dass wir Menschen so viele verschiedene Interessen und Möglichkeiten haben diese auch nachzugehen?

Das ist der Moment, in dem Du wieder etwas für Dich selbst tust. Mit Deinem Hobby reduzierst Du Stress, Anspannungen lösen sich, Du bist wahrscheinlich unter Menschen, die Du magst. Du verbringst eine sehr schöne Zeit mit ihnen. Nicht umsonst sind Menschen, die einem Hobby nachgehen, gelassener, empathischer und zufriedener.

Aufgabe 7

Was bedeutet das Wort Anerkennung für Dich?

Bitte schreibe auf, ob Du aus Deiner Sicht genügend Anerkennung bekommst. Schreibe auf, ob Du Privat, von Deinem Partner, Deiner Familie, Deinen Kindern oder im Beruf Anerkennung bekommst, sowie von Dir selbst.

Dazu lasse ich wieder zwei Seiten frei.

Dein Platz 1

Dein Platz 2

Schön, dass Du diese Aufgabe erledigt hast.

Gehe wieder in die Wohnung des Tyrannen und hole wieder ein paar Dinge heraus, ohne darüber nachzudenken, was Du jetzt mitnimmst und werfe sie schnellstmöglich auf den Müll. Jetzt schaue Dich mal um, lass deine Blicke schweifen und staune, wie viele Dinge Du schon entrümpelt hast.

Weißt Du was Anerkennung <u>wirklich</u> bedeutet?

WÜRDIGUNG

LOB

ACHTUNG

RESPEKTIERUNG

Anerkennung von Leistungen, seien es physische oder psychische Leistungen.

Wir Menschen brauchen alle Anerkennung, auch von einem selbst. Wenn Du also eine Lösung für ein Problem gefunden hast und Du bist auf die Lösung selbst gekommen, erkenne es an, lobe Dich selbst, sei stolz auf Dich. Hast Du ein Problem gelöst, weil Du Dir Hilfe gesucht hast, dann erkenne es an, Du hast es gelöst. Das Wie, ist dabei uninteressant. Wichtig ist, dass Probleme oder Hindernisse - egal welcher Art sie auch sind - gelöst werden.

Würdige Deine eigene Leistung! Würdige andere! Nehme auch Du Anerkennung an.

Hat derjenige Dir vielleicht etwas repariert, würdige das in Worten, spreche ein Lob aus, zeige ihm Deine Achtung. Erkenne seine Leistung an. Auch, wenn derjenige es nicht zeigt, er fühlt sich respektiert, er fühlt sich gut und Du Dich auch. Ein tolles Gefühl oder? Ein Lob auszusprechen ist nicht schwer, selbst dann nicht, wenn Du der Meinung bist nie ein Lob bekommen zu haben.

Damit sind nicht nur Extremfälle gemeint, sondern auch Dinge im alltäglichen Leben. Nehmen wir zum Beispiel an, Dein Partner hat ein Problem für Dich gelöst, sei es eine kleine Rechnung bezahlt oder Dir etwas besorgt weil Du keine Zeit hattest. Würdige es mit einem Danke, würdige es, dass er seine Zeit geopfert hat. Er fühlt sich gut und nimmt Dir auch andere Dinge des Alltags ab.

Es klingt banal, denn die meisten erwarten das einfach von seinem Partner, sie setzen es voraus! Es wird nicht gewürdigt oder anerkannt.

Doch das ist ein gefährlicher Trugschluss, das alles als Selbstverständlichkeit hinzunehmen, denn eine Beziehung besteht immer aus Geben und Nehmen - aus gegenseitigem Respekt und Loyalität. Sehe es nicht als selbstverständlich an, sondern respektiere es, dass er seine freie Zeit geopfert hat. Dein Partner ist ein eigenständiger Mensch, der mit Dir zusammen ist, aber dennoch auch sein eigenes Leben führt, auch wenn er gemeinsam mit Dir durch das Leben geht und seine eigenen Interessen vertritt. Das gegenseitige Respektieren kann schnell abhandenkommen, wenn man alles als selbstverständlich ansieht und es nicht anerkannt wird.

Anerkennung ist auch einer der Gründe, warum so viele Menschen unsicher sind. Wer an einer Angststörung leidet, leidet nicht nur an seiner Störung, sondern auch daran, dass er zu wenig Anerkennung bekommt oder derjenige das Gefühl besitzt, nicht genügend Anerkennung zu bekommen.

Fordere Anerkennung ein!

Es ist vollkommen legitim Anerkennung einzufordern. Wenn Du zum Beispiel etwas für einen Freund erledigt hast, sei es irgendetwas repariert wurde oder Du ihm ein unangenehmes Gespräch abgenommen hast, dann fordere Anerkennung an.

Wie kann ich Anerkennung einfordern?

Am besten Du fängst bei Dir selber an, ohne Wenn und Aber!

Du liest dieses Buch, weil Du Dich von Deiner Angst- und Panikstörung befreien möchtest. Ich konnte Dir bestimmt schon mit meinen gezielten Fragen und Tipps ein wenig die Augen öffnen. Du arbeitest an Dir selbst.

ERKENNE es an, lobe Dich selbst, zolle Dir Respekt.

Das kann man üben, Anerkennung anzunehmen, stell Dich vor einen Spiegel und sage Dir selbst von Angesicht zu Angesicht: „Das habe ich heute super gemacht. Klasse!" Klopfe Dir dabei auf die Schultern, Du wirst merken, je öfters Du es wiederholst, wie Du daran wächst!

<u>Eigenlob stinkt nicht!</u>

Lasse Dich jetzt nicht von dieser ungewohnten Situation abbringen - je öfter Du es übst, umso weniger kommt Dir diese Übung komisch vor. Auch ich mache es heute sogar unbewusst, lobe mich stets selbst und setze mich tagtäglich auch damit auseinander, was ich anders machen könnte, um mein Leben so angenehm wie möglich führen zu können. Ich liebe mich für die kleinsten Dinge, zum Beispiel, wenn ich einkaufen war und habe danach ein unangenehmes Gespräch führen müssen, dann lobe ich mich und sage zu mir selbst: „Toll gemacht! Das hast Du gut und schnell erledigt. Du hast es nicht aufgeschoben - damit ist es abgehakt."

Du wirst spüren, wenn Du Anerkennung verteilst und auch von anderen Mitmenschen bekommst, welch eine Zufriedenheit es in Dir auslöst. Nimm Anerkennung an und hinterfrage Dich selbst niemals, ob Du es wert bist diese Anerkennung anzunehmen. Du bist es wert - Du musst nicht darüber grübeln. Grübeln blockiert uns und genau das möchten wir nicht, dass wir uns wieder in einem Grübelkarussell befinden. Du möchtest leben und das mit voller Zufriedenheit. Lerne Dich selbst anzuerkennen, lerne, dass Anerkennung eine Wohltat für unsere Seele ist. Lerne, dass wir Menschen gar nicht so kompliziert sind, wie die meisten es denken. Wir machen uns fast alle Probleme selbst. Je mehr Du Dich anerkennst, je mehr Du Dich selbst lobst, umso selbstbewusster wirst Du und lernst Situationen besser einzuschätzen. Du wirst ein unkomplizierteres Leben haben.

Wer das vorhin erwähnte Zitat „Eigenlob stinkt" erfunden hat, gehört für mich hinter Gittern. Wenn man dieses Zitat als Kind immer und immer wieder gehört hat, handeln wir instinktiv danach - denn es ist ein Glaubenssatz der uns ganz tief eingepflanzt wurde.

Eigenlob stinkt definitiv nicht, Eigenlob hat auch nichts mit einer überzogenen Selbstliebe zu tun! Eigenlob hat nichts mit übertriebener Eigenüberzeugung, Selbstüberzeugung oder gar narzisstischer

Veranlagung zu tun.

Lobe Dich selbst so oft es geht, respektiere Dich und Deine getroffenen Entscheidungen. Werde Dir bewusst, dass ein Mensch keine Maschine ist. Fordere Anerkennung ein!

Denke immer daran, Du bist für Dich der wichtigste Mensch!

Sollte Dir ein Fehler passieren, erkenne ihn an, sage Dir, ich habe einen Fehler gemacht oder falsch gehandelt, stehe dazu. Denn nur, wenn Du Fehler erkennst, wirst Du daran wachsen können. Gestehe Dir selbst ein, dass Fehler gut sein können, um sich persönlich weiterzuentwickeln.

Danach beschäftige Dich nicht mehr mit dem Fehler, lege Deinen Fokus auf das Positive, nicht auf das Negative.

Aufgabe 8

Perfektionismus ist ein überaus unterschätzter Auslöser psychischer Probleme. Ich gehe erst nach Erledigung der Aufgabe näher darauf ein.

Bitte schreibe hier auf, ob Du perfektionistisch veranlagt bist und welche Auswirkungen es in Deinem Leben hat, wenn Du nicht PERFEKT bist! Ärgert es Dich vielleicht? Hast Du ein schlechtes Gewissen? Willst Du vielleicht in allem, was Du tust der BESTE sein?

Ich lasse hierzu 3 Seiten frei, tobe Dich aus und sei so ehrlich wie möglich zu Dir selbst. Belüge Dich niemals selbst, mache Dir nichts vor, verschönere nichts, schreibe einfach drauf los.

Dein Platz 1

Dein Platz 2

Dein Platz 3

Super, Aufgabe 8 erledigt

Gehe wieder in die Wohnung der Tyrannen, schaue Dich um, atme Tief ein und aus. Siehst Du wie ler sie shcon geworden ist, Nimm einfach nochmal ein paar Dinge mit und werfe Sie direkt in den Müll!

Perfektion: ein Übel aller Laster?

Ehrgeiz und der Reiz, gewisse Dinge im Leben zu verändern und zu erreichen sind nötig, um seine Ziele nicht aus den Augen zu verlieren bzw. seine Ziele zu erreichen. Wenn jedoch die Perfektion in den Vordergrund rückt, wird es krankhaft. Die Angst, Fehler zu begehen. Die Angst, mit Konsequenzen leben zu müssen. Die Angst als Versager zu gelten. Sich unbewusst selbst dafür zu bestrafen, weil man Fehler gemacht hat und etwas nicht mit Perfektion erledigt hat.

Perfektionismus ist modern, prägt den heutigen Zeitgeist, liegt unseren Wertvorstellungen zugrunde und dominiert so in unseren Köpfen.

Aber kaum jemand kann sich dem entziehen. Wenn Menschen den Zwang verspüren alles so perfekt wie möglich zu machen, gilt dies im Berufsleben als ehrwürdig. Im Privaten kann dies, gerade in einer Partnerschaft, extrem belasten.

Ein Perfektionist vermeidet es unter allen Umständen Fehler zu machen. Er hat Angst vor der Blöße, einen Fehler gemacht zu haben. Als Perfektionist zerfleischt er sich, um „unangreifbar" zu werden. Doch was steckt dahinter?

Menschen, die perfektionistisch veranlagt sind, haben ein sehr geringes Selbstwertgefühl, kaum bis gar kein Selbstbewusstsein und versuchen sich durch Perfektion zu etablieren.

Wie Du siehst, spielt sich alles, was wir tun und wie wir handeln automatisch, in unserer Psyche ab und fast alles geht auf ein viel zu geringes Selbstwertgefühl zurück.

Wir müssen lernen und verstehen, dass wir fehlbar sind, dass wir nur dazulernen können, wenn wir Fehler machen und diese uns auch eingestehen. Wir leben und wir lieben, wir streiten und versöhnen uns, wir weinen und wir lachen, wir reden dieselbe Sprache, aber verstehen doch etwas Anderes, Du bist Du, authentisch, lebens- und liebenswert!

Sei nicht so streng mit Dir selbst, erwarte auch nicht von anderen, dass sie Dinge besser können als Du selbst. Erwarte nicht, dass jeder so leben muss wie Du Dein Leben lebst. Denn dein Gegenüber ist nicht DU! Akzeptiere einfach, dass jeder Mensch ein Unikat ist, jeder seine eigenen Ansichten und Vorstellungen hat und jeder versucht, das Beste aus seinem Leben zu machen.

Respektiere von anderen die Fehler, auch dann werden Deine Fehler respektiert. Lass Dich nicht hängen, nur, weil Du irgendetwas hättest besser machen können. Lass Dich nicht unterkriegen, weil Du darauf achtest nicht mehr perfektionistisch veranlagt zu sein.

Werde gelassener in Deinem Leben, lebe, **lebe**, <u>lebe</u> und habe Spaß am Leben. Wenn Du einen Job hast, der Dir nicht gefällt, dann ändere es. Nimm es nicht hin, bewerbe Dich oder bilde Dich fort.

Akzeptiere Dich so wie Du bist, akzeptiere auch, dass man nicht von allen Menschen gemocht werden kann. Stehe zu Dir, lobe Dich, erkenne Dich selbst an.

Verstehe, dass Du alles was Du tust, Dich dorthin führen soll, dass Du ein zufriedeneres Leben führst. Nimm es an, dass Perfektionismus eine starke Schwäche ist.

Sei neugierig und beobachte einfach mal Menschen, wenn Du in einem Café sitzt. Beobachte sie, schaue sie an, Du wirst erkennen, dass nur ganz wenige Menschen sich lachend und voller Zufriedenheit unterhalten.

Ich nutze auch diese Möglichkeiten. Ich gehe schon mal gerne alleine ins Café um einfach abzuschalten und beobachte die anderen Gäste. Immer wieder bin ich erstaunt, wie gelangweilt sie aussehen und sie keinen Ausdruck besitzen. Sie sitzen dort. Manchmal kommt mir der Gedanke, als wäre ich mitten in der Serie „The Walking Dead".

Ich möchte diese Menschen nicht als Zombies betiteln, aber als leblos. Natürlich leben sie, aber sie kommen mir vor, als würden sie nur dahinvegetieren. Keine Mimik, ein lebloser Gesichtsausdruck. Schrecklich. Sobald aber eine Person sich mit an diesen Tisch setzt, ändert es sich. Die Person erwacht. So, als hätte der Zombie einen lebenden Menschen gerochen. Ich ertappe mich immer dabei, dass ich versuche dieses zu erörtern. Warum sind sie leblos, wenn sie alleine sind? Warum erwacht die Person wie auf Knopfdruck, wenn sich jemand mit zu ihr an den Tisch setzt? Ich finde es faszinierend, Personen zu beobachten und diese zu lesen.

Von ca. 20 Personen, die alleine im Café oder auf der Terrasse eines Cafés sitzen, kommt mir nur eine Person als zufrieden vor. Die Mimik einer Person verrät es, sie genießt es gerade im Café zu sitzen. Sie strahlt eine Zufriedenheit aus - auch wenn sie nicht lächelt - aber ihr Gesichtsausdruck „lächelt", die Zufriedenheit ist absolut erkennbar.

Doch warum ist das so?

Menschen neigen dazu, wie in einem Tunnel zu leben und vergessen sich dabei selbst. Sie funktionieren nur, sie leben nicht. Leben heißt, sein Leben so zu gestalten, dass man sein Leben zufrieden und selbstbestimmt lebt.

Ebenso fühlt sich jeder zweite Mensch einem Dauerstress ausgesetzt. Das Schlimme an dieser Situation ist, dass sie es selbst so gewählt haben. Sie beschweren sich auf der einen Seite, dass sie keine Zeit für sich selbst haben und wollen aber immer und überall mit dabei sein, aus Angst etwas zu verpassen - nicht „up to date" zu sein. Wahnsinn!

Was kann wichtiger als das eigene selbstbestimmte Leben sein?

Dennoch scheuen es die Menschen aus ihrem Hamsterrad zu klettern, ihren Tunnel zu verlassen. Veränderung bedeutet Arbeit und wir Menschen schlagen ganz automatisch immer den Weg des geringsten Widerstandes ein.

Aufgabe 9

Eigene Stärken und Schwächen erkennen

Um sein Leben selbstbestimmt zu leben, sollte man sich selber gut kennen bzw. kennenlernen. Denn nichts ist schlimmer, wenn man seine Schwächen unterschätzt und seine eigenen Stärken überschätzt.

Schreibe einmal auf, was Deine Schwächen sind und auf der anderen Seite Deine Stärken.

Solltest Du jetzt denken: Du hast keine Stärken, Du hast nur Schwächen, kann ich Dich beruhigen. Fokussiere Dich selbst auf die kleinsten und sei es auch noch für Dich so unwichtigen Dinge, worin deine Stärken liegen könnten.

Beispiel Schwächen:

Wenn mich jemand kritisiert, nehme ich dieses persönlich.

Ich kann mich nie lange auf eine Sache konzentrieren.

Ich bin nicht gut darin, auf mich selbst zu achten und verliere mich meist in Gedanken.

usw.

Beispiel Stärken:

Ich bin wirklich gut darin, Freunden gute Tipps zu geben.

Ich bin wirklich gut in meinem Job.

Ich bin wirklich gut in Fremdsprachen.

Ich bin gut darin, meinen Freunden eine Freude zu bereiten.

usw.

Meine Schwächen:

Meine Stärken:

Sehr gut!

Gehe bitte in die Wohnung des Tyrannen, hole die letzten Sachen heraus und schaue Dich um, ob nicht irgendwo noch ein kleines Teil übersehen wurde. Nimm alles mit, es ist nur ein kleiner Teil, also nichts Schweres zu tragen. Gehe hinunter und werfe den Rest auf den Müll, und wechsle das Schloss zur oberen Wohnung aus. Der Tyrann ist nun obdachlos und ist gezwungen, sich ein neues Opfer zu suchen.

Egal, was Du gerade geschrieben hast, ob Stärken oder Schwächen, betrachte sie ganz genau, als erstes Deine Stärken.

Schließe dazu Deine Augen, gehe gedanklich noch einmal Deine Stärken durch und achte darauf, was sich in Dir bewegt. Wiederhole es solange bis sich etwas in Dir regt, Du etwas Positives dabei fühlst. Egal, wie lange es dauert, mache es einfach. Atme dabei langsam und gleichmäßig, vielleicht atmest Du einfach mal etwas mehr aus als Du einatmest, versuche es, Du wirst überrascht sein, was sich in Dir tut.

Mache es bitte jetzt!

Spürst Du wieviel Kraft Du innerlich gerade gewonnen hast, wie gut es sich anfühlt - toll, oder?

Je mehr Du Dir Deiner Stärken bewusst wirst, umso weniger fallen Deine Schwächen für Dein Selbstwertgefühl und für Dein Selbstbewusstsein ins Gewicht. Sogar die Selbstliebe wird dadurch gesteigert!

Es geht nun um Deine Schwächen. Schwächen hat jeder Mensch, das ist vollkommen natürlich und überhaupt nichts Schlimmes. Ich selbst, als Autor von Fachbüchern habe Schwächen, ich bin ein Mensch! Ich kann manche Dinge besonders gut und kann aber auch einiges nicht so gut - das ist vollkommen normal.

Viele Menschen konzentrieren sich leider nicht auf ihre Stärken, sondern nur auf ihre Schwächen. Wenn Du Dich nur auf Deine Schwächen konzentrierst, blockierst Du Dich immens, es hindert Dich an Deiner Weiterentwicklung als Mensch, ja sie verhindern sogar Dein selbstbestimmtes Leben. Sie hindert Dich auch daran, Dich von Deiner Angststörung zu befreien.

Beschäftige Dich also mit Deinen Stärken, nicht mit Deinen Schwächen. Nehme Deine Schwächen hin, akzeptiere sie, aber stelle sie nicht in den

Fokus Deines Lebens.

Du darfst an Deinen Schwächen arbeiten, wenn Du sie erkannt hast, aber führe keinen Kampf, um sie zu einer Stärke umzuwandeln. Sondern transformiere sie in Stärke, so dass Du genau weißt, wenn Du etwas nicht gut kannst, dass Du Dir dafür Hilfe suchst, wie etwa einen guten Freund, der das viel besser kann als Du selbst.

Deswegen, halte Dir am besten täglich Deine Stärken vor, schließe einfach Deine Augen und wiederhole immer Deine Stärken, wachse mit Deinen Stärken. Du wirst einfach mehr Selbstvertrauen bekommen, von Tag zu Tag. Es wird sich auch in Deinem ganzen Handeln widerspiegeln.

Eine Klientin berichtete mir, dass sie, seit sie sich auf ihre eigenen Stärken konzentriert, ein viel einfacheres und zufriedeneres Leben führt, weil sie einfach sich selbst besser kennengelernt hat. Sie ist gewachsen, auch in schwierigen Situationen, da sie jetzt Situationen besser bewerten und beurteilen kann und weiß, wie sie sich verhalten muss und nicht ihren Fokus auf ein Problem lenkt. Seit der dritten Coaching Stunde hatte sie keine Panikattacken mehr. Wunderbar, sage ich, sie hat es wunderbar umgesetzt.

Das Loslassen, dazu gelten auch die Schwächen, muss man stellenweise erst lernen. Je eher Du es lernst, diese wirklich loszulassen und zu akzeptieren, umso entspannter wirst Du wieder.

Was mache ich mit meiner neuen Freiheit?

Eine berechtigte Frage, wenn Du Deine Angst- und Panikstörung abgelegt hast oder sie soweit gemindert ist, dass sie keine Rolle mehr in Deinem Leben spielt.

Dazu ein nettes Beispiel:

Ich hatte eine Klientin, die mich total erschrocken anrief und mir mitteilte, dass ihr heute aufgefallen war, dass sie seit Wochen weder grübelt und sie auch keine Panikattacke mehr hatte und sie so irgendwie viel mehr Zeit hätte bzw. ihr kam es vor als würde die Uhr sich langsamer drehen und dadurch stünde ihr viel mehr Zeit zur Verfügung.

Schmunzelst Du auch gerade? Ich habe es auch getan. Jedoch verschwand mein Schmunzeln recht schnell, nachdem ich zum Glück sehr schnell begriffen habe, dass dieses für manche Menschen, die jahrelang unter Panikattacken gelitten haben, ein ernstes Problem darstellen kann. Ich habe sie sofort für den nächsten Tag zu mir in die Praxis bestellt und wir führten ein sehr schönes und aufschlussreiches Gespräch. Sie war beruhigt und genießt nun schon seit Jahren ihr eigenes selbstbestimmtes Leben ohne mit der Angst- und Panikstörung zu leben.

Werde Dir bewusst darüber, dass sich Dein Leben zum Positiven verändert, verschwende keinen Gedanken daran, dass Du mal an einer Angst- und Panikstörung gelitten hast, genieße Deine neu gewonnene Freiheit und die neu dazugewonnene Zeit. Gehe einfach Deinen Weg weiter, schaue nicht zurück, sondern bleib treu auf Deinem Weg!

Werde Dir bewusst darüber, wie schön das Leben mit Deiner neuen Freiheit ist. Genieße jeden Moment und halte Dir immer wieder Deine Stärken vor Augen. Schaue nicht zurück, nur nach vorne! Nutze Deine neu gewonnene Zeit, nutze sie für Dich und tue alles, was Du schon immer machen wolltest.

Gedankenstopp, mein absolutes Highlight

Werde Dir bewusst, wenn Du zu negativen Gedanken oder auch zum ständigen Grübeln neigst, dass es ein ganz klares und einfaches Symbol gibt. Dieses Symbol wird Dir auf Kommando Dein Gedankenkarussell stoppen.

Du kennst sicherlich ein Stoppschild aus dem Straßenverkehr, dieses rot, weiße Schild was Dich und anderen Verkehrsteilnehmern vor einer gefährlichen Kreuzung schützen soll und Du spätestens an der Stopplinie halten sollstest, um Dir in Ruhe einen Überblick zu verschaffen, wann Du gefahrlos die Kreuzung überqueren kannst.

Du kannst es überall anwenden, egal ob zu Hause, in der Firma, in der Schule oder wo auch immer Du Dich gerade befindest. Nimm diesen kleinen Freund als Hilfe und befreie Dich sofort von Deinem Gedankenkarussell.

Übe es einfach immer und immer wieder. Je intensiver Du es Dir vorstellst wirst Du innerhalb weniger Sekunden in der Lage sein, Dein Gedankenkarussell zu stoppen.

Hier ist mein absoluter Favorit dafür:

„Gedankenstopp"

Schließe Deine Augen und stelle Dir dieses Stoppschild so deutlich und intensiv vor, wie Du nur kannst.

Vergrößere dieses Schild für Dich, lass es vor Deinem inneren Auge so groß werden, dass das Stoppschild den ganzen Platz in Deinem Sichtfeld einnimmt.

Lege Deine volle Konzentration auf das Wort Gedankenstopp.

Nichts wird Dich davon abhalten können, schaue es an und lese es immer und immer wieder: „Gedankenstopp"

Visualisiere es so gut, wie Du kannst, immer und immer wieder.

Immer und immer wieder „Gedankenstopp", nichts wird Dich davon abbringen, immer und immer wieder „Gedankenstopp"

Übe es regelmäßig, einfach mal zwischendurch, nimm Dir einfach mal ein paar Sekunden Zeit am Tag und hole das „Gedankenstoppschild" hervor. Spürst Du wie das Gedankenkarussell langsamer und langsamer wird?

Hält es sogar an?

Jetzt hast Du ein erfolgreiches Hilfsmittel, wie Du Deine Gedanken oder Grübeleien stoppen kannst. Effektiv und wirksam.

Zusammenfassung

Die Zusammenfassung für Dein künftiges Leben ohne Angst- und Panikstörung!

Du bist bis hierhergekommen, hast mit Interesse dieses Buch gelesen. Vielleicht war es einfach für Dich zu verstehen oder auch nicht. Es bringt Dich jedoch weiter, da Du lernst Dich selber zu verstehen. Es geht nicht um die eine Methode, das geht einfach nicht, da wir Menschen alle unterschiedlich sind. Durch die Aufgaben, die Du gelöst hast, warst Du gezwungen Dich mit Dir selbst auseinanderzusetzen. Nicht immer einfach, aber Du hast es schließlich geschafft.

Deshalb hier noch einmal eine kurze Zusammenfassung, das Wichtigste woran Du arbeiten musst. Nimm Dir Zeit und denke bitte noch einmal über alles nach. Lies, wenn nötig, das Buch auch mehrmals, so oft bis Du alle gestellten Aufgaben vollständig erledigt hast.

Verstehe, zu erkennen, dass Du an Dir selbst arbeiten musst, dass Du Ziele hast, dass Du ein wundervoller Mensch bist. Lebe es und zeige es auch.

Du weißt, was eine Angststörung ist

Falls es eine Ursache gibt, die Du verarbeiten musst, dann tue es, setze Dich damit auseinander, finde den Auslöser, auch wenn es nicht angenehm ist. Akzeptiere, was passiert ist, auch wenn es schwer fällt.

Gibt es keinen speziellen Auslöser, dann ändere Deine Denkweise, Deine Einstellungen, Dein Leben!

Du weißt, dass Medikamente eine Angststörung auslösen können

Nimmst Du regelmäßig Medikamente, solche, die ich beschrieben habe, dann kontaktiere bitte Deinen Arzt.

Du kennst die Ursache der Angst- und Panikstörung

Du weißt jetzt, dass wir alle mit einer unterschiedlichen hohen Bereitschaft geboren werden, auf Gefahr mit Angst zu reagieren. Der eine reagiert schneller und der andere weniger schnell.

Du verstehst, was in deinem Körper während einer Panikattacke passiert

Alles was zwischen Dir (Geist) und Deinem Körper passiert, ist rein biologisch erklärbar und stellt keine Gefahr für Dich dar.

Du kennst genügend und bewährte Kniffe eine Panikattacke schon im Keim zu ersticken

Nutze diese Möglichkeiten immer, übe sie auch wenn keine Panikattacke bevorsteht!

Deine Krankheit zum eigenen Vorteil benutzen

Hör ab sofort damit auf, Deine Krankheit zum Vorteil zu nutzen - lass es sein, verlasse deine Komfortzone

Du verstehst wie wichtig Achtsamkeit für Dich ist

Achte auf Dich, nimm dir Zeit für Dich, lege den Stress ab, besinne Dich ganz auf Dich, nimm Dir Auszeiten und sei gut zu Dir selbst.

Du hast verstanden, dass Du umdenken musst

Du verstehst, dass Du Dich nur ändern kannst, wenn Du umdenkst. Beschäftige Dich in Deinem Leben mit den positiven Dingen. Negative Gedanken oder Sachverhalte solltest Du nicht zu viel Aufmerksamkeit schenken und diese direkt ad Acta legen. Fokussiere Dich nur darauf, wie Du Dein Leben genießen kannst und das in vollen Zügen.

Du kennst den Unterschied zwischen Glück und Zufriedenheit

Freue Dich über die Erkenntnis, dass Glück nur von kurzer Dauer ist und Zufriedenheit das höchste GUT für Dich.

Du verstehst, dass sich selbst zu verzeihen, ohne Schuldgefühle zu leben, ein wichtiger Bestandteil ist

Selbstzweifel, Schuld sind der Killer Nummer Eins um psychische Störungen zu bekommen. Verzeihe Dir, sei nicht so streng mit Dir und liebe Dich selbst.

Du kennst die Bedeutung der Anerkennung

Du hast gelernt, Dich selbst anzuerkennen und Anerkennung einzufordern. Tue dies - ausnahmslos!

Du verstehst, dass Perfektionismus krank macht

Kein Mensch ist perfekt. Du hast gelernt, dass wir Menschen Fehler machen „müssen", um daraus zu lernen und um uns weiterzuentwickeln. Wenn Du Dein Leben gelassener angehst, wirst Du es in vollen Zügen genießen können.

Du verstehst, Deine eigenen Stärken und Schwächen optimal einzusetzen

Dein Leben wird sich komplett ändern, wenn Du Dich auf deine Stärken konzentrierst. Du darfst an Deinen Schwächen arbeiten, stelle sie aber nicht in den Fokus deines Lebens.

Du kennst deine neue Freiheit

Genieße Deine Freiheit, Dein selbstbestimmtes Leben, schaue nicht zurück. Nutze Deine Freiheit für all die Dinge, die Dich interessieren.

Du kennst den Gedankenstopp

Nutze den Gedankenstopp, trainiere ihn so oft Du kannst. Sobald Du merkst, dass Du über verschiedene Dinge grübelst, also Dich im Grübeln festsaugst, denn wende ihn sofort an.

Nützlicher Alltagstipp

Hier zeige ich Dir einen nützlichen Tipp, wie ich mich in bestimmten Situationen selbst überliste.

Duftöl

Ich trage immer ein Minifläschchen von einem Duftöl bei mir, einen frischen herrlichen Duft, der mich sofort an den Sommer erinnert. Wenn ich merke, dass ich unter Stress stehe oder ich beim Verfassen eines Buches einen Hänger habe, dann rieche ich an diesem Fläschchen. Ich schließe die Augen und rieche daran. Sofort werde ich ruhiger, gelassener und entspannter. Ich wende es bei allen Situationen an, wenn ich nervös bin, weil ich vielleicht ein neues Buch veröffentliche oder ich eine Lösung für eine Person suchen muss. Es hilft mir ungemein.

Ich überliste mich selbst, ich lasse es nicht zu, dass ich mich extrem anspanne und dadurch eventuell wieder eine Panikattacke bekomme.

Nachwort

Jetzt wechsle ich wieder ins vertrauensvolle SIE über und freue mich, dass Sie bis hierhergekommen sind.

Haben Sie schon kleinste Änderungen in Ihrem Leben bemerkt oder Veränderungen vorgenommen? Dann gratuliere ich Ihnen. Sie sind definitiv auf dem richtigen Weg. Egal, was das tägliche Leben für Sie bereithält, arbeiten sie weiter, bleiben sie am Ball. Nichts soll Sie von diesem Weg abbringen, Ihrem Ziel, angstfrei zu werden.

Als Autor und Coach bin ich sehr stolz, wenn meine Leser sich mit dem Buch identifizieren können und mir immer positive Dankesbriefe schicken. Denn ich kann es vollkommen nachvollziehen, was sie mit ihrer Angst- und Panikstörung erleben.

Dieses Buch ist gewiss nicht nach standardmäßigen Verfahren geschrieben worden. Ich habe Sie mitarbeiten lassen, ganz bewusst. Ich wollte Ihnen nicht vorgefestigte und starre Lösungen anbieten, denn mit Verlaub - das geht nicht - da jeder Mensch ein Unikat ist.

Arbeiten Sie mit Ihrem inneren Auge, stets und konstant. Je gewissenhafter Sie Ihre Ziele verfolgen und Sie die eine oder andere Aufgabe wiederholen, desto mehr werden Sie feststellen, wie sich Ihr Leben von Tag zu Tag bessern wird.

Ganz bewusst, habe ich die Wörter Angststörung und Panikattacken immer weniger verlauten lassen. Ihnen wird aufgefallen sein, dass irgendwann diese Wörter gar nicht mehr genannt wurden. Dieses hat das Ziel gehabt, dass Sie sich gar nicht mehr so auf diese Wörter konzentrieren. Sie diese Wörter nicht zum Mittelpunkt gemacht haben.

Ich wünsche Ihnen, dass ich mit diesem Buch wertvolle Inhalte für Ihr Problem vermitteln konnte und Sie schon ein ganzes Stück weitergekommen sind.

Wenn Sie meine Hilfe benötigen, so kontaktieren Sie mich, ich biete Einzelcoachings an mit einer Dauer von jeweils 60-90 Minuten via Skype, Zoom usw.

Ich helfe Ihnen gerne, so dass Sie endlich wieder befreit LEBEN können.

Ich bitte zu beachten, dass die Antwortzeit einige Tage in Anspruch nehmen kann.

Anfragen an das Management unter: hypnosementalist@yahoo.com

Wenn Ihnen dieses Praxisbuch geholfen hat, würde ich und mein mich Team freuen, wenn Sie eine positive Bewertung auf Amazon hinterlassen könnten.

Sollten Sie nicht zufrieden gewesen sein oder Anregungen und Tipps zur Verbesserung dieses Werkes haben, senden Sie uns bitte eine Email an: hypnosementalist@yahoo.com

Vielen herzlichen Dank.

Ihr

Marc Netzer und Ihre Alexandra Josephine Südlauer-Heyer

Angsttagebuch (30 Tage)

30 Tage zur Ursachen- und Triggerfindung

Die genaue Beobachtung und Analyse der Angst, bzw. Ängste ist sowohl für die Diagnostik als auch für die erfolgreiche Behandlung einer Angststörung von großer Bedeutung. Je genauer man seine Ängste, Panikauslöser und Symptome beschreiben kann, um so gezielter und effektiver kann man selbige behandeln. Ein Angsttagebuch zu führen ist daher äußerst sinnvoll und empfehlenswert.

Schreiben Sie niemals unmittelbar während oder nach der Angst. Warten Sie einen neutralen Zeitpunkt ab!

Nehmen Sie die Eintragungen in einem ruhigen Moment vor, um nicht die neutrale Sicht darauf zu verlieren.

Mit Hilfe dieses Angsttagebuchs kann man seine Angst und Panik genauer analysieren. Außerdem erhält man wichtige Hinweise für die weitere Behandlung und den Umgang mit der Angst. Lernen Sie Ihre Auslöser kennen.

Bei dem einen wird sie eher durch physiologischer Natur ausgelöst, bei anderen durch die Gedanken (kognitiv) oder in ganz seltenen Fällen auch durch motorische (Zittern, usw.) Symptome. Durch das Analysieren der auslösenden Faktoren hilft es auch, sich einer ankündigenden Angst früher abzuwenden. Da man durch die Analyse die Eskalationsstufen der Panikattacke kennenlernt, kann man rechtzeitig Gegenmaßnahmen ergreifen.

_____________________, den_____________________________

Aufgestanden um:

Gemütslage:

(Notieren Sie Ihr Wohlbefinden auf einer Skala von 1 (schlecht) bis 10 (sehr gut)

Gedanken:

(Welche Gedanken gingen Ihnen vor dem Einschlafen durch den Kopf?)

Grundanspannung: _________

(Tragen Sie die heutige Stärke Ihrer Anspannung ein, zwischen 1 (sehr extrem) bis10 (keine spürbare Anspannung)

Was könnte der Auslöser für die heutige spürbare Angst gewesen sein? (Stress? Ungewohnte Situation? …?)

Kam sie kognitiv (Psyche) oder physiologisch (körperliche Symptome) spürbar zuerst?

Die gefühlte Intensivität auf einer Skala 1-10:

Welche Gedanken gingen Ihnen vor der Angst durch den Kopf?

Welche Reaktion erfolgte, wie z.B. Flucht, Aushalten oder Vermeidung?

Was haben Sie in diesem Moment dagegen unternommen?

(Beschreiben Sie, was Sie unternommen haben, um Ihren Angstzustand zu verringern)

Notieren Sie bitte 3 Dinge, was Sie am heutigen Tag schön fanden:

Wenn Ihre heutige Angst kognitiv (durch Gedanken) ausgelöst wurde oder durch körperliche (physiologisch) Symptome - was können Sie tun, damit es morgen besser wird und Sie sich nicht mehr einem Stress ausgesetzt fühlen?

_________________, den_________________________

Aufgestanden um:

Gemütslage:

(Notieren Sie Ihr Wohlbefinden auf einer Skala von 1 (schlecht) bis 10 (sehr gut)

Gedanken:

(Welche Gedanken gingen Ihnen vor dem Einschlafen durch den Kopf?)

Grundanspannung: _________

(Tragen Sie die heutige Stärke Ihrer Anspannung ein, zwischen 1 (sehr extrem) bis10 (keine spürbare Anspannung)

Was könnte der Auslöser für die heutige spürbare Angst gewesen sein? (Stress? Ungewohnte Situation? ...?)

Kam sie kognitiv (Psyche) oder physiologisch (körperliche Symptome) spürbar zuerst?

Die gefühlte Intensivität auf einer Skala 1-10:

Welche Gedanken gingen Ihnen vor der Angst durch den Kopf?

Welche Reaktion erfolgte, wie z.B. Flucht, Aushalten oder Vermeidung?

Was haben Sie in diesem Moment dagegen unternommen?

(Beschreiben Sie, was Sie unternommen haben, um Ihren Angstzustand
zu verringern)

Notieren Sie bitte 3 Dinge, was Sie am heutigen Tag schön fanden:

Wenn Ihre heutige Angst kognitiv (durch Gedanken) ausgelöst wurde
oder durch körperliche (physiologisch) Symptome - was können Sie tun,
damit es morgen besser wird und Sie sich nicht mehr einem Stress
ausgesetzt fühlen?

______________, den_____________________

Aufgestanden um:

Gemütslage:

(Notieren Sie Ihr Wohlbefinden auf einer Skala von 1 (schlecht) bis 10 (sehr gut)

Gedanken:

(Welche Gedanken gingen Ihnen vor dem Einschlafen durch den Kopf?)

Grundanspannung: _________

(Tragen Sie die heutige Stärke Ihrer Anspannung ein, zwischen 1 (sehr extrem) bis10 (keine spürbare Anspannung)

Was könnte der Auslöser für die heutige spürbare Angst gewesen sein? (Stress? Ungewohnte Situation? …?)

Kam sie kognitiv (Psyche) oder physiologisch (körperliche Symptome) spürbar zuerst?

Die gefühlte Intensivität auf einer Skala 1-10:

Welche Gedanken gingen Ihnen vor der Angst durch den Kopf?

Welche Reaktion erfolgte, wie z.B. Flucht, Aushalten oder Vermeidung?

Was haben Sie in diesem Moment dagegen unternommen?

(Beschreiben Sie, was Sie unternommen haben, um Ihren Angstzustand zu verringern)

Notieren Sie bitte 3 Dinge, was Sie am heutigen Tag schön fanden:

Wenn Ihre heutige Angst kognitiv (durch Gedanken) ausgelöst wurde oder durch körperliche (physiologisch) Symptome - was können Sie tun, damit es morgen besser wird und Sie sich nicht mehr einem Stress ausgesetzt fühlen?

_____________, den_____________________

Aufgestanden um:

Gemütslage:

(Notieren Sie Ihr Wohlbefinden auf einer Skala von 1 (schlecht) bis 10 (sehr gut)

Gedanken:

(Welche Gedanken gingen Ihnen vor dem Einschlafen durch den Kopf?)

Grundanspannung: _________

(Tragen Sie die heutige Stärke Ihrer Anspannung ein, zwischen 1 (sehr extrem) bis10 (keine spürbare Anspannung)

Was könnte der Auslöser für die heutige spürbare Angst gewesen sein? (Stress? Ungewohnte Situation? …?)

Kam sie kognitiv (Psyche) oder physiologisch (körperliche Symptome) spürbar zuerst?

Die gefühlte Intensivität auf einer Skala 1-10:

Welche Gedanken gingen Ihnen vor der Angst durch den Kopf?

Welche Reaktion erfolgte, wie z.B. Flucht, Aushalten oder Vermeidung?

Was haben Sie in diesem Moment dagegen unternommen?

(Beschreiben Sie, was Sie unternommen haben, um Ihren Angstzustand
zu verringern)

Notieren Sie bitte 3 Dinge, was Sie am heutigen Tag schön fanden:

Wenn Ihre heutige Angst kognitiv (durch Gedanken) ausgelöst wurde
oder durch körperliche (physiologisch) Symptome - was können Sie tun,
damit es morgen besser wird und Sie sich nicht mehr einem Stress
ausgesetzt fühlen?

_____________________, den_____________________________

Aufgestanden um:

Gemütslage:

(Notieren Sie Ihr Wohlbefinden auf einer Skala von 1 (schlecht) bis 10
(sehr gut)

Gedanken:

(Welche Gedanken gingen Ihnen vor dem Einschlafen durch den Kopf?)

Grundanspannung: _________

(Tragen Sie die heutige Stärke Ihrer Anspannung ein, zwischen 1 (sehr
extrem) bis10 (keine spürbare Anspannung)

Was könnte der Auslöser für die heutige spürbare Angst gewesen sein?
(Stress? Ungewohnte Situation? …?)

Kam sie kognitiv (Psyche) oder physiologisch (körperliche Symptome)
spürbar zuerst?

Die gefühlte Intensivität auf einer Skala 1-10:

Welche Gedanken gingen Ihnen vor der Angst durch den Kopf?

Welche Reaktion erfolgte, wie z.B. Flucht, Aushalten oder Vermeidung?

Was haben Sie in diesem Moment dagegen unternommen?

(Beschreiben Sie, was Sie unternommen haben, um Ihren Angstzustand
zu verringern)

Notieren Sie bitte 3 Dinge, was Sie am heutigen Tag schön fanden:

Wenn Ihre heutige Angst kognitiv (durch Gedanken) ausgelöst wurde
oder durch körperliche (physiologisch) Symptome - was können Sie tun,
damit es morgen besser wird und Sie sich nicht mehr einem Stress
ausgesetzt fühlen?

_____________________, den_____________________________

Aufgestanden um:

Gemütslage:

(Notieren Sie Ihr Wohlbefinden auf einer Skala von 1 (schlecht) bis 10 (sehr gut)

Gedanken:

(Welche Gedanken gingen Ihnen vor dem Einschlafen durch den Kopf?)

Grundanspannung: _________

(Tragen Sie die heutige Stärke Ihrer Anspannung ein, zwischen 1 (sehr extrem) bis10 (keine spürbare Anspannung)

Was könnte der Auslöser für die heutige spürbare Angst gewesen sein? (Stress? Ungewohnte Situation? …?)

Kam sie kognitiv (Psyche) oder physiologisch (körperliche Symptome) spürbar zuerst?

Die gefühlte Intensivität auf einer Skala 1-10:

Welche Gedanken gingen Ihnen vor der Angst durch den Kopf?

Welche Reaktion erfolgte, wie z.B. Flucht, Aushalten oder Vermeidung?

Was haben Sie in diesem Moment dagegen unternommen?

(Beschreiben Sie, was Sie unternommen haben, um Ihren Angstzustand
zu verringern)

Notieren Sie bitte 3 Dinge, was Sie am heutigen Tag schön fanden:

Wenn Ihre heutige Angst kognitiv (durch Gedanken) ausgelöst wurde
oder durch körperliche (physiologisch) Symptome - was können Sie tun,
damit es morgen besser wird und Sie sich nicht mehr einem Stress
ausgesetzt fühlen?

_____________________, den_______________________________

Aufgestanden um:

Gemütslage:

(Notieren Sie Ihr Wohlbefinden auf einer Skala von 1 (schlecht) bis 10 (sehr gut)

Gedanken:

(Welche Gedanken gingen Ihnen vor dem Einschlafen durch den Kopf?)

Grundanspannung: ________

(Tragen Sie die heutige Stärke Ihrer Anspannung ein, zwischen 1 (sehr extrem) bis10 (keine spürbare Anspannung)

Was könnte der Auslöser für die heutige spürbare Angst gewesen sein? (Stress? Ungewohnte Situation? …?)

Kam sie kognitiv (Psyche) oder physiologisch (körperliche Symptome) spürbar zuerst?

Die gefühlte Intensivität auf einer Skala 1-10:

Welche Gedanken gingen Ihnen vor der Angst durch den Kopf?

Welche Reaktion erfolgte, wie z.B. Flucht, Aushalten oder Vermeidung?

Was haben Sie in diesem Moment dagegen unternommen?

(Beschreiben Sie, was Sie unternommen haben, um Ihren Angstzustand zu verringern)

Notieren Sie bitte 3 Dinge, was Sie am heutigen Tag schön fanden:

Wenn Ihre heutige Angst kognitiv (durch Gedanken) ausgelöst wurde oder durch körperliche (physiologisch) Symptome - was können Sie tun, damit es morgen besser wird und Sie sich nicht mehr einem Stress ausgesetzt fühlen?

______________, den______________________

Aufgestanden um:

Gemütslage:

(Notieren Sie Ihr Wohlbefinden auf einer Skala von 1 (schlecht) bis 10 (sehr gut)

Gedanken:

(Welche Gedanken gingen Ihnen vor dem Einschlafen durch den Kopf?)

Grundanspannung: ________

(Tragen Sie die heutige Stärke Ihrer Anspannung ein, zwischen 1 (sehr extrem) bis10 (keine spürbare Anspannung)

Was könnte der Auslöser für die heutige spürbare Angst gewesen sein? (Stress? Ungewohnte Situation? …?)

Kam sie kognitiv (Psyche) oder physiologisch (körperliche Symptome) spürbar zuerst?

Die gefühlte Intensivität auf einer Skala 1-10:

Welche Gedanken gingen Ihnen vor der Angst durch den Kopf?

Welche Reaktion erfolgte, wie z.B. Flucht, Aushalten oder Vermeidung?

Was haben Sie in diesem Moment dagegen unternommen?

(Beschreiben Sie, was Sie unternommen haben, um Ihren Angstzustand
zu verringern)

Notieren Sie bitte 3 Dinge, was Sie am heutigen Tag schön fanden:

Wenn Ihre heutige Angst kognitiv (durch Gedanken) ausgelöst wurde
oder durch körperliche (physiologisch) Symptome - was können Sie tun,
damit es morgen besser wird und Sie sich nicht mehr einem Stress
ausgesetzt fühlen?

_______________, den_______________________

Aufgestanden um:

Gemütslage:

(Notieren Sie Ihr Wohlbefinden auf einer Skala von 1 (schlecht) bis 10 (sehr gut)

Gedanken:

(Welche Gedanken gingen Ihnen vor dem Einschlafen durch den Kopf?)

Grundanspannung: _______

(Tragen Sie die heutige Stärke Ihrer Anspannung ein, zwischen 1 (sehr extrem) bis10 (keine spürbare Anspannung)

Was könnte der Auslöser für die heutige spürbare Angst gewesen sein? (Stress? Ungewohnte Situation? …?)

Kam sie kognitiv (Psyche) oder physiologisch (körperliche Symptome) spürbar zuerst?

Die gefühlte Intensivität auf einer Skala 1-10:

Welche Gedanken gingen Ihnen vor der Angst durch den Kopf?

Welche Reaktion erfolgte, wie z.B. Flucht, Aushalten oder Vermeidung?

Was haben Sie in diesem Moment dagegen unternommen?

(Beschreiben Sie, was Sie unternommen haben, um Ihren Angstzustand
zu verringern)

Notieren Sie bitte 3 Dinge, was Sie am heutigen Tag schön fanden:

Wenn Ihre heutige Angst kognitiv (durch Gedanken) ausgelöst wurde
oder durch körperliche (physiologisch) Symptome - was können Sie tun,
damit es morgen besser wird und Sie sich nicht mehr einem Stress
ausgesetzt fühlen?

_______________, den_____________________________

Aufgestanden um:

Gemütslage:

(Notieren Sie Ihr Wohlbefinden auf einer Skala von 1 (schlecht) bis 10 (sehr gut)

Gedanken:

(Welche Gedanken gingen Ihnen vor dem Einschlafen durch den Kopf?)

Grundanspannung: ________

(Tragen Sie die heutige Stärke Ihrer Anspannung ein, zwischen 1 (sehr extrem) bis10 (keine spürbare Anspannung)

Was könnte der Auslöser für die heutige spürbare Angst gewesen sein? (Stress? Ungewohnte Situation? …?)

Kam sie kognitiv (Psyche) oder physiologisch (körperliche Symptome) spürbar zuerst?

Die gefühlte Intensivität auf einer Skala 1-10:

Welche Gedanken gingen Ihnen vor der Angst durch den Kopf?

Welche Reaktion erfolgte, wie z.B. Flucht, Aushalten oder Vermeidung?

Was haben Sie in diesem Moment dagegen unternommen?

(Beschreiben Sie, was Sie unternommen haben, um Ihren Angstzustand zu verringern)

Notieren Sie bitte 3 Dinge, was Sie am heutigen Tag schön fanden:

Wenn Ihre heutige Angst kognitiv (durch Gedanken) ausgelöst wurde oder durch körperliche (physiologisch) Symptome - was können Sie tun, damit es morgen besser wird und Sie sich nicht mehr einem Stress ausgesetzt fühlen?

_____________, den_____________________

Aufgestanden um:

Gemütslage:

(Notieren Sie Ihr Wohlbefinden auf einer Skala von 1 (schlecht) bis 10 (sehr gut)

Gedanken:

(Welche Gedanken gingen Ihnen vor dem Einschlafen durch den Kopf?)

Grundanspannung: _________

(Tragen Sie die heutige Stärke Ihrer Anspannung ein, zwischen 1 (sehr extrem) bis10 (keine spürbare Anspannung)

Was könnte der Auslöser für die heutige spürbare Angst gewesen sein? (Stress? Ungewohnte Situation? ...?)

Kam sie kognitiv (Psyche) oder physiologisch (körperliche Symptome) spürbar zuerst?

Die gefühlte Intensivität auf einer Skala 1-10:

Welche Gedanken gingen Ihnen vor der Angst durch den Kopf?

Welche Reaktion erfolgte, wie z.B. Flucht, Aushalten oder Vermeidung?

Was haben Sie in diesem Moment dagegen unternommen?

(Beschreiben Sie, was Sie unternommen haben, um Ihren Angstzustand
zu verringern)

Notieren Sie bitte 3 Dinge, was Sie am heutigen Tag schön fanden:

Wenn Ihre heutige Angst kognitiv (durch Gedanken) ausgelöst wurde
oder durch körperliche (physiologisch) Symptome - was können Sie tun,
damit es morgen besser wird und Sie sich nicht mehr einem Stress
ausgesetzt fühlen?

____________, den____________________

Aufgestanden um:

Gemütslage:

(Notieren Sie Ihr Wohlbefinden auf einer Skala von 1 (schlecht) bis 10 (sehr gut)

Gedanken:

(Welche Gedanken gingen Ihnen vor dem Einschlafen durch den Kopf?)

Grundanspannung: ________

(Tragen Sie die heutige Stärke Ihrer Anspannung ein, zwischen 1 (sehr extrem) bis10 (keine spürbare Anspannung)

Was könnte der Auslöser für die heutige spürbare Angst gewesen sein? (Stress? Ungewohnte Situation? …?)

Kam sie kognitiv (Psyche) oder physiologisch (körperliche Symptome) spürbar zuerst?

Die gefühlte Intensivität auf einer Skala 1-10:

Welche Gedanken gingen Ihnen vor der Angst durch den Kopf?

Welche Reaktion erfolgte, wie z.B. Flucht, Aushalten oder Vermeidung?

Was haben Sie in diesem Moment dagegen unternommen?

(Beschreiben Sie, was Sie unternommen haben, um Ihren Angstzustand zu verringern)

Notieren Sie bitte 3 Dinge, was Sie am heutigen Tag schön fanden:

Wenn Ihre heutige Angst kognitiv (durch Gedanken) ausgelöst wurde oder durch körperliche (physiologisch) Symptome - was können Sie tun, damit es morgen besser wird und Sie sich nicht mehr einem Stress ausgesetzt fühlen?

________________, den______________________

Aufgestanden um:

Gemütslage:

(Notieren Sie Ihr Wohlbefinden auf einer Skala von 1 (schlecht) bis 10 (sehr gut)

Gedanken:

(Welche Gedanken gingen Ihnen vor dem Einschlafen durch den Kopf?)

Grundanspannung: _______

(Tragen Sie die heutige Stärke Ihrer Anspannung ein, zwischen 1 (sehr extrem) bis10 (keine spürbare Anspannung)

Was könnte der Auslöser für die heutige spürbare Angst gewesen sein? (Stress? Ungewohnte Situation? …?)

Kam sie kognitiv (Psyche) oder physiologisch (körperliche Symptome) spürbar zuerst?

Die gefühlte Intensivität auf einer Skala 1-10:

Welche Gedanken gingen Ihnen vor der Angst durch den Kopf?

Welche Reaktion erfolgte, wie z.B. Flucht, Aushalten oder Vermeidung?

Was haben Sie in diesem Moment dagegen unternommen?

(Beschreiben Sie, was Sie unternommen haben, um Ihren Angstzustand zu verringern)

Notieren Sie bitte 3 Dinge, was Sie am heutigen Tag schön fanden:

Wenn Ihre heutige Angst kognitiv (durch Gedanken) ausgelöst wurde oder durch körperliche (physiologisch) Symptome - was können Sie tun, damit es morgen besser wird und Sie sich nicht mehr einem Stress ausgesetzt fühlen?

_____________________, den_____________________________

Aufgestanden um:

Gemütslage:

(Notieren Sie Ihr Wohlbefinden auf einer Skala von 1 (schlecht) bis 10 (sehr gut)

Gedanken:

(Welche Gedanken gingen Ihnen vor dem Einschlafen durch den Kopf?)

Grundanspannung: _________

(Tragen Sie die heutige Stärke Ihrer Anspannung ein, zwischen 1 (sehr extrem) bis10 (keine spürbare Anspannung)

Was könnte der Auslöser für die heutige spürbare Angst gewesen sein? (Stress? Ungewohnte Situation? …?)

Kam sie kognitiv (Psyche) oder physiologisch (körperliche Symptome) spürbar zuerst?

Die gefühlte Intensivität auf einer Skala 1-10:

Welche Gedanken gingen Ihnen vor der Angst durch den Kopf?

Welche Reaktion erfolgte, wie z.B. Flucht, Aushalten oder Vermeidung?

Was haben Sie in diesem Moment dagegen unternommen?

(Beschreiben Sie, was Sie unternommen haben, um Ihren Angstzustand
zu verringern)

Notieren Sie bitte 3 Dinge, was Sie am heutigen Tag schön fanden:

Wenn Ihre heutige Angst kognitiv (durch Gedanken) ausgelöst wurde
oder durch körperliche (physiologisch) Symptome - was können Sie tun,
damit es morgen besser wird und Sie sich nicht mehr einem Stress
ausgesetzt fühlen?

_____________________, den_____________________________

Aufgestanden um:

Gemütslage:

(Notieren Sie Ihr Wohlbefinden auf einer Skala von 1 (schlecht) bis 10 (sehr gut)

Gedanken:

(Welche Gedanken gingen Ihnen vor dem Einschlafen durch den Kopf?)

Grundanspannung: _________

(Tragen Sie die heutige Stärke Ihrer Anspannung ein, zwischen 1 (sehr extrem) bis10 (keine spürbare Anspannung)

Was könnte der Auslöser für die heutige spürbare Angst gewesen sein? (Stress? Ungewohnte Situation? …?)

Kam sie kognitiv (Psyche) oder physiologisch (körperliche Symptome) spürbar zuerst?

Die gefühlte Intensivität auf einer Skala 1-10:

Welche Gedanken gingen Ihnen vor der Angst durch den Kopf?

Welche Reaktion erfolgte, wie z.B. Flucht, Aushalten oder Vermeidung?

Was haben Sie in diesem Moment dagegen unternommen?

(Beschreiben Sie, was Sie unternommen haben, um Ihren Angstzustand zu verringern)

Notieren Sie bitte 3 Dinge, was Sie am heutigen Tag schön fanden:

Wenn Ihre heutige Angst kognitiv (durch Gedanken) ausgelöst wurde oder durch körperliche (physiologisch) Symptome - was können Sie tun, damit es morgen besser wird und Sie sich nicht mehr einem Stress ausgesetzt fühlen?

______________, den______________________

Aufgestanden um:

Gemütslage:

(Notieren Sie Ihr Wohlbefinden auf einer Skala von 1 (schlecht) bis 10 (sehr gut)

Gedanken:

(Welche Gedanken gingen Ihnen vor dem Einschlafen durch den Kopf?)

Grundanspannung: ________

(Tragen Sie die heutige Stärke Ihrer Anspannung ein, zwischen 1 (sehr extrem) bis10 (keine spürbare Anspannung)

Was könnte der Auslöser für die heutige spürbare Angst gewesen sein? (Stress? Ungewohnte Situation? …?)

Kam sie kognitiv (Psyche) oder physiologisch (körperliche Symptome) spürbar zuerst?

Die gefühlte Intensivität auf einer Skala 1-10:

Welche Gedanken gingen Ihnen vor der Angst durch den Kopf?

Welche Reaktion erfolgte, wie z.B. Flucht, Aushalten oder Vermeidung?

Was haben Sie in diesem Moment dagegen unternommen?

(Beschreiben Sie, was Sie unternommen haben, um Ihren Angstzustand zu verringern)

Notieren Sie bitte 3 Dinge, was Sie am heutigen Tag schön fanden:

Wenn Ihre heutige Angst kognitiv (durch Gedanken) ausgelöst wurde oder durch körperliche (physiologisch) Symptome - was können Sie tun, damit es morgen besser wird und Sie sich nicht mehr einem Stress ausgesetzt fühlen?

____________________, den____________________________

Aufgestanden um:

Gemütslage:

(Notieren Sie Ihr Wohlbefinden auf einer Skala von 1 (schlecht) bis 10 (sehr gut)

Gedanken:

(Welche Gedanken gingen Ihnen vor dem Einschlafen durch den Kopf?)

Grundanspannung: ________

(Tragen Sie die heutige Stärke Ihrer Anspannung ein, zwischen 1 (sehr extrem) bis10 (keine spürbare Anspannung)

Was könnte der Auslöser für die heutige spürbare Angst gewesen sein? (Stress? Ungewohnte Situation? …?)

Kam sie kognitiv (Psyche) oder physiologisch (körperliche Symptome) spürbar zuerst?

Die gefühlte Intensivität auf einer Skala 1-10:

Welche Gedanken gingen Ihnen vor der Angst durch den Kopf?

Welche Reaktion erfolgte, wie z.B. Flucht, Aushalten oder Vermeidung?

Was haben Sie in diesem Moment dagegen unternommen?

(Beschreiben Sie, was Sie unternommen haben, um Ihren Angstzustand
zu verringern)

Notieren Sie bitte 3 Dinge, was Sie am heutigen Tag schön fanden:

Wenn Ihre heutige Angst kognitiv (durch Gedanken) ausgelöst wurde
oder durch körperliche (physiologisch) Symptome - was können Sie tun,
damit es morgen besser wird und Sie sich nicht mehr einem Stress
ausgesetzt fühlen?

_______________, den_____________________

Aufgestanden um:

Gemütslage:

(Notieren Sie Ihr Wohlbefinden auf einer Skala von 1 (schlecht) bis 10 (sehr gut)

Gedanken:

(Welche Gedanken gingen Ihnen vor dem Einschlafen durch den Kopf?)

Grundanspannung: _______

(Tragen Sie die heutige Stärke Ihrer Anspannung ein, zwischen 1 (sehr extrem) bis10 (keine spürbare Anspannung)

Was könnte der Auslöser für die heutige spürbare Angst gewesen sein? (Stress? Ungewohnte Situation? …?)

Kam sie kognitiv (Psyche) oder physiologisch (körperliche Symptome) spürbar zuerst?

Die gefühlte Intensivität auf einer Skala 1-10:

Welche Gedanken gingen Ihnen vor der Angst durch den Kopf?

Welche Reaktion erfolgte, wie z.B. Flucht, Aushalten oder Vermeidung?

Was haben Sie in diesem Moment dagegen unternommen?

(Beschreiben Sie, was Sie unternommen haben, um Ihren Angstzustand
zu verringern)

Notieren Sie bitte 3 Dinge, was Sie am heutigen Tag schön fanden:

Wenn Ihre heutige Angst kognitiv (durch Gedanken) ausgelöst wurde
oder durch körperliche (physiologisch) Symptome - was können Sie tun,
damit es morgen besser wird und Sie sich nicht mehr einem Stress
ausgesetzt fühlen?

_____________________, den_____________________________

Aufgestanden um:

Gemütslage:

(Notieren Sie Ihr Wohlbefinden auf einer Skala von 1 (schlecht) bis 10 (sehr gut)

Gedanken:

(Welche Gedanken gingen Ihnen vor dem Einschlafen durch den Kopf?)

Grundanspannung: _________

(Tragen Sie die heutige Stärke Ihrer Anspannung ein, zwischen 1 (sehr extrem) bis10 (keine spürbare Anspannung)

Was könnte der Auslöser für die heutige spürbare Angst gewesen sein? (Stress? Ungewohnte Situation? …?)

Kam sie kognitiv (Psyche) oder physiologisch (körperliche Symptome) spürbar zuerst?

Die gefühlte Intensivität auf einer Skala 1-10:

Welche Gedanken gingen Ihnen vor der Angst durch den Kopf?

Welche Reaktion erfolgte, wie z.B. Flucht, Aushalten oder Vermeidung?

Was haben Sie in diesem Moment dagegen unternommen?

(Beschreiben Sie, was Sie unternommen haben, um Ihren Angstzustand
zu verringern)

Notieren Sie bitte 3 Dinge, was Sie am heutigen Tag schön fanden:

Wenn Ihre heutige Angst kognitiv (durch Gedanken) ausgelöst wurde
oder durch körperliche (physiologisch) Symptome - was können Sie tun,
damit es morgen besser wird und Sie sich nicht mehr einem Stress
ausgesetzt fühlen?

_______________, den_____________________

Aufgestanden um:

Gemütslage:

(Notieren Sie Ihr Wohlbefinden auf einer Skala von 1 (schlecht) bis 10 (sehr gut)

Gedanken:

(Welche Gedanken gingen Ihnen vor dem Einschlafen durch den Kopf?)

Grundanspannung: _______

(Tragen Sie die heutige Stärke Ihrer Anspannung ein, zwischen 1 (sehr extrem) bis10 (keine spürbare Anspannung)

Was könnte der Auslöser für die heutige spürbare Angst gewesen sein? (Stress? Ungewohnte Situation? …?)

Kam sie kognitiv (Psyche) oder physiologisch (körperliche Symptome) spürbar zuerst?

Die gefühlte Intensivität auf einer Skala 1-10:

Welche Gedanken gingen Ihnen vor der Angst durch den Kopf?

Welche Reaktion erfolgte, wie z.B. Flucht, Aushalten oder Vermeidung?

Was haben Sie in diesem Moment dagegen unternommen?

(Beschreiben Sie, was Sie unternommen haben, um Ihren Angstzustand
zu verringern)

Notieren Sie bitte 3 Dinge, was Sie am heutigen Tag schön fanden:

Wenn Ihre heutige Angst kognitiv (durch Gedanken) ausgelöst wurde
oder durch körperliche (physiologisch) Symptome - was können Sie tun,
damit es morgen besser wird und Sie sich nicht mehr einem Stress
ausgesetzt fühlen?

_______________, den______________________

Aufgestanden um:

Gemütslage:

(Notieren Sie Ihr Wohlbefinden auf einer Skala von 1 (schlecht) bis 10 (sehr gut)

Gedanken:

(Welche Gedanken gingen Ihnen vor dem Einschlafen durch den Kopf?)

Grundanspannung: _______

(Tragen Sie die heutige Stärke Ihrer Anspannung ein, zwischen 1 (sehr extrem) bis10 (keine spürbare Anspannung)

Was könnte der Auslöser für die heutige spürbare Angst gewesen sein? (Stress? Ungewohnte Situation? …?)

Kam sie kognitiv (Psyche) oder physiologisch (körperliche Symptome) spürbar zuerst?

Die gefühlte Intensivität auf einer Skala 1-10:

Welche Gedanken gingen Ihnen vor der Angst durch den Kopf?

Welche Reaktion erfolgte, wie z.B. Flucht, Aushalten oder Vermeidung?

Was haben Sie in diesem Moment dagegen unternommen?

(Beschreiben Sie, was Sie unternommen haben, um Ihren Angstzustand
zu verringern)

Notieren Sie bitte 3 Dinge, was Sie am heutigen Tag schön fanden:

Wenn Ihre heutige Angst kognitiv (durch Gedanken) ausgelöst wurde
oder durch körperliche (physiologisch) Symptome - was können Sie tun,
damit es morgen besser wird und Sie sich nicht mehr einem Stress
ausgesetzt fühlen?

_____________________, den_______________________________

Aufgestanden um:

Gemütslage:

(Notieren Sie Ihr Wohlbefinden auf einer Skala von 1 (schlecht) bis 10 (sehr gut)

Gedanken:

(Welche Gedanken gingen Ihnen vor dem Einschlafen durch den Kopf?)

Grundanspannung: ________

(Tragen Sie die heutige Stärke Ihrer Anspannung ein, zwischen 1 (sehr extrem) bis10 (keine spürbare Anspannung)

Was könnte der Auslöser für die heutige spürbare Angst gewesen sein? (Stress? Ungewohnte Situation? …?)

Kam sie kognitiv (Psyche) oder physiologisch (körperliche Symptome) spürbar zuerst?

Die gefühlte Intensivität auf einer Skala 1-10:

Welche Gedanken gingen Ihnen vor der Angst durch den Kopf?

Welche Reaktion erfolgte, wie z.B. Flucht, Aushalten oder Vermeidung?

Was haben Sie in diesem Moment dagegen unternommen?

(Beschreiben Sie, was Sie unternommen haben, um Ihren Angstzustand
zu verringern)

Notieren Sie bitte 3 Dinge, was Sie am heutigen Tag schön fanden:

Wenn Ihre heutige Angst kognitiv (durch Gedanken) ausgelöst wurde
oder durch körperliche (physiologisch) Symptome - was können Sie tun,
damit es morgen besser wird und Sie sich nicht mehr einem Stress
ausgesetzt fühlen?

_______________, den_______________________

Aufgestanden um:

Gemütslage:

(Notieren Sie Ihr Wohlbefinden auf einer Skala von 1 (schlecht) bis 10 (sehr gut)

Gedanken:

(Welche Gedanken gingen Ihnen vor dem Einschlafen durch den Kopf?)

Grundanspannung: _______

(Tragen Sie die heutige Stärke Ihrer Anspannung ein, zwischen 1 (sehr extrem) bis 10 (keine spürbare Anspannung)

Was könnte der Auslöser für die heutige spürbare Angst gewesen sein? (Stress? Ungewohnte Situation? …?)

Kam sie kognitiv (Psyche) oder physiologisch (körperliche Symptome) spürbar zuerst?

Die gefühlte Intensivität auf einer Skala 1-10:

Welche Gedanken gingen Ihnen vor der Angst durch den Kopf?

Welche Reaktion erfolgte, wie z.B. Flucht, Aushalten oder Vermeidung?

Was haben Sie in diesem Moment dagegen unternommen?

(Beschreiben Sie, was Sie unternommen haben, um Ihren Angstzustand
zu verringern)

Notieren Sie bitte 3 Dinge, was Sie am heutigen Tag schön fanden:

Wenn Ihre heutige Angst kognitiv (durch Gedanken) ausgelöst wurde
oder durch körperliche (physiologisch) Symptome - was können Sie tun,
damit es morgen besser wird und Sie sich nicht mehr einem Stress
ausgesetzt fühlen?

_____________________, den_____________________________

Aufgestanden um:

Gemütslage:

(Notieren Sie Ihr Wohlbefinden auf einer Skala von 1 (schlecht) bis 10 (sehr gut)

Gedanken:

(Welche Gedanken gingen Ihnen vor dem Einschlafen durch den Kopf?)

Grundanspannung: _________

(Tragen Sie die heutige Stärke Ihrer Anspannung ein, zwischen 1 (sehr extrem) bis10 (keine spürbare Anspannung)

Was könnte der Auslöser für die heutige spürbare Angst gewesen sein? (Stress? Ungewohnte Situation? …?)

Kam sie kognitiv (Psyche) oder physiologisch (körperliche Symptome) spürbar zuerst?

Die gefühlte Intensivität auf einer Skala 1-10:

Welche Gedanken gingen Ihnen vor der Angst durch den Kopf?

Welche Reaktion erfolgte, wie z.B. Flucht, Aushalten oder Vermeidung?

Was haben Sie in diesem Moment dagegen unternommen?

(Beschreiben Sie, was Sie unternommen haben, um Ihren Angstzustand zu verringern)

Notieren Sie bitte 3 Dinge, was Sie am heutigen Tag schön fanden:

Wenn Ihre heutige Angst kognitiv (durch Gedanken) ausgelöst wurde oder durch körperliche (physiologisch) Symptome - was können Sie tun, damit es morgen besser wird und Sie sich nicht mehr einem Stress ausgesetzt fühlen?

__________________, den__________________________

Aufgestanden um:

Gemütslage:

(Notieren Sie Ihr Wohlbefinden auf einer Skala von 1 (schlecht) bis 10 (sehr gut)

Gedanken:

(Welche Gedanken gingen Ihnen vor dem Einschlafen durch den Kopf?)

Grundanspannung: ________

(Tragen Sie die heutige Stärke Ihrer Anspannung ein, zwischen 1 (sehr extrem) bis10 (keine spürbare Anspannung)

Was könnte der Auslöser für die heutige spürbare Angst gewesen sein? (Stress? Ungewohnte Situation? …?)

Kam sie kognitiv (Psyche) oder physiologisch (körperliche Symptome) spürbar zuerst?

Die gefühlte Intensivität auf einer Skala 1-10:

Welche Gedanken gingen Ihnen vor der Angst durch den Kopf?

Welche Reaktion erfolgte, wie z.B. Flucht, Aushalten oder Vermeidung?

Was haben Sie in diesem Moment dagegen unternommen?

(Beschreiben Sie, was Sie unternommen haben, um Ihren Angstzustand zu verringern)

Notieren Sie bitte 3 Dinge, was Sie am heutigen Tag schön fanden:

Wenn Ihre heutige Angst kognitiv (durch Gedanken) ausgelöst wurde oder durch körperliche (physiologisch) Symptome - was können Sie tun, damit es morgen besser wird und Sie sich nicht mehr einem Stress ausgesetzt fühlen?

________________, den________________________

Aufgestanden um:

Gemütslage:

(Notieren Sie Ihr Wohlbefinden auf einer Skala von 1 (schlecht) bis 10 (sehr gut)

Gedanken:

(Welche Gedanken gingen Ihnen vor dem Einschlafen durch den Kopf?)

Grundanspannung: _______

(Tragen Sie die heutige Stärke Ihrer Anspannung ein, zwischen 1 (sehr extrem) bis10 (keine spürbare Anspannung)

Was könnte der Auslöser für die heutige spürbare Angst gewesen sein? (Stress? Ungewohnte Situation? ...?)

Kam sie kognitiv (Psyche) oder physiologisch (körperliche Symptome) spürbar zuerst?

Die gefühlte Intensivität auf einer Skala 1-10:

Welche Gedanken gingen Ihnen vor der Angst durch den Kopf?

Welche Reaktion erfolgte, wie z.B. Flucht, Aushalten oder Vermeidung?

Was haben Sie in diesem Moment dagegen unternommen?

(Beschreiben Sie, was Sie unternommen haben, um Ihren Angstzustand
zu verringern)

Notieren Sie bitte 3 Dinge, was Sie am heutigen Tag schön fanden:

Wenn Ihre heutige Angst kognitiv (durch Gedanken) ausgelöst wurde
oder durch körperliche (physiologisch) Symptome - was können Sie tun,
damit es morgen besser wird und Sie sich nicht mehr einem Stress
ausgesetzt fühlen?

_____________________, den_____________________________

Aufgestanden um:

Gemütslage:

(Notieren Sie Ihr Wohlbefinden auf einer Skala von 1 (schlecht) bis 10 (sehr gut)

Gedanken:

(Welche Gedanken gingen Ihnen vor dem Einschlafen durch den Kopf?)

Grundanspannung: _________

(Tragen Sie die heutige Stärke Ihrer Anspannung ein, zwischen 1 (sehr extrem) bis10 (keine spürbare Anspannung)

Was könnte der Auslöser für die heutige spürbare Angst gewesen sein? (Stress? Ungewohnte Situation? …?)

Kam sie kognitiv (Psyche) oder physiologisch (körperliche Symptome) spürbar zuerst?

Die gefühlte Intensivität auf einer Skala 1-10:

Welche Gedanken gingen Ihnen vor der Angst durch den Kopf?

Welche Reaktion erfolgte, wie z.B. Flucht, Aushalten oder Vermeidung?

Was haben Sie in diesem Moment dagegen unternommen?

(Beschreiben Sie, was Sie unternommen haben, um Ihren Angstzustand zu verringern)

Notieren Sie bitte 3 Dinge, was Sie am heutigen Tag schön fanden:

Wenn Ihre heutige Angst kognitiv (durch Gedanken) ausgelöst wurde oder durch körperliche (physiologisch) Symptome - was können Sie tun, damit es morgen besser wird und Sie sich nicht mehr einem Stress ausgesetzt fühlen?

_______________, den_______________________

Aufgestanden um:

Gemütslage:

(Notieren Sie Ihr Wohlbefinden auf einer Skala von 1 (schlecht) bis 10 (sehr gut)

Gedanken:

(Welche Gedanken gingen Ihnen vor dem Einschlafen durch den Kopf?)

Grundanspannung: _______

(Tragen Sie die heutige Stärke Ihrer Anspannung ein, zwischen 1 (sehr extrem) bis10 (keine spürbare Anspannung)

Was könnte der Auslöser für die heutige spürbare Angst gewesen sein? (Stress? Ungewohnte Situation? …?)

Kam sie kognitiv (Psyche) oder physiologisch (körperliche Symptome) spürbar zuerst?

Die gefühlte Intensivität auf einer Skala 1-10:

Welche Gedanken gingen Ihnen vor der Angst durch den Kopf?

Welche Reaktion erfolgte, wie z.B. Flucht, Aushalten oder Vermeidung?

Was haben Sie in diesem Moment dagegen unternommen?

(Beschreiben Sie, was Sie unternommen haben, um Ihren Angstzustand zu verringern)

Notieren Sie bitte 3 Dinge, was Sie am heutigen Tag schön fanden:

Wenn Ihre heutige Angst kognitiv (durch Gedanken) ausgelöst wurde oder durch körperliche (physiologisch) Symptome - was können Sie tun, damit es morgen besser wird und Sie sich nicht mehr einem Stress ausgesetzt fühlen?

________________, den___________________

Aufgestanden um:

Gemütslage:

(Notieren Sie Ihr Wohlbefinden auf einer Skala von 1 (schlecht) bis 10 (sehr gut)

Gedanken:

(Welche Gedanken gingen Ihnen vor dem Einschlafen durch den Kopf?)

Grundanspannung: ________

(Tragen Sie die heutige Stärke Ihrer Anspannung ein, zwischen 1 (sehr extrem) bis10 (keine spürbare Anspannung)

Was könnte der Auslöser für die heutige spürbare Angst gewesen sein? (Stress? Ungewohnte Situation? …?)

Kam sie kognitiv (Psyche) oder physiologisch (körperliche Symptome) spürbar zuerst?

Die gefühlte Intensivität auf einer Skala 1-10:

Welche Gedanken gingen Ihnen vor der Angst durch den Kopf?

Welche Reaktion erfolgte, wie z.B. Flucht, Aushalten oder Vermeidung?

Was haben Sie in diesem Moment dagegen unternommen?

(Beschreiben Sie, was Sie unternommen haben, um Ihren Angstzustand
zu verringern)

Notieren Sie bitte 3 Dinge, was Sie am heutigen Tag schön fanden:

Wenn Ihre heutige Angst kognitiv (durch Gedanken) ausgelöst wurde
oder durch körperliche (physiologisch) Symptome - was können Sie tun,
damit es morgen besser wird und Sie sich nicht mehr einem Stress
ausgesetzt fühlen?

___________________, den_____________________________

Aufgestanden um:

Gemütslage:

(Notieren Sie Ihr Wohlbefinden auf einer Skala von 1 (schlecht) bis 10
(sehr gut)

Gedanken:

(Welche Gedanken gingen Ihnen vor dem Einschlafen durch den Kopf?)

Grundanspannung: _________

(Tragen Sie die heutige Stärke Ihrer Anspannung ein, zwischen 1 (sehr
extrem) bis10 (keine spürbare Anspannung)

Was könnte der Auslöser für die heutige spürbare Angst gewesen sein?
(Stress? Ungewohnte Situation? …?)

Kam sie kognitiv (Psyche) oder physiologisch (körperliche Symptome)
spürbar zuerst?

Die gefühlte Intensivität auf einer Skala 1-10:

Welche Gedanken gingen Ihnen vor der Angst durch den Kopf?

Welche Reaktion erfolgte, wie z.B. Flucht, Aushalten oder Vermeidung?

Was haben Sie in diesem Moment dagegen unternommen?

(Beschreiben Sie, was Sie unternommen haben, um Ihren Angstzustand
zu verringern)

Notieren Sie bitte 3 Dinge, was Sie am heutigen Tag schön fanden:

Wenn Ihre heutige Angst kognitiv (durch Gedanken) ausgelöst wurde
oder durch körperliche (physiologisch) Symptome - was können Sie tun,
damit es morgen besser wird und Sie sich nicht mehr einem Stress
ausgesetzt fühlen?

_________________, den_____________________

Aufgestanden um:

Gemütslage:

(Notieren Sie Ihr Wohlbefinden auf einer Skala von 1 (schlecht) bis 10 (sehr gut)

Gedanken:

(Welche Gedanken gingen Ihnen vor dem Einschlafen durch den Kopf?)

Grundanspannung: _______

(Tragen Sie die heutige Stärke Ihrer Anspannung ein, zwischen 1 (sehr extrem) bis10 (keine spürbare Anspannung)

Was könnte der Auslöser für die heutige spürbare Angst gewesen sein? (Stress? Ungewohnte Situation? …?)

Kam sie kognitiv (Psyche) oder physiologisch (körperliche Symptome) spürbar zuerst?

Die gefühlte Intensivität auf einer Skala 1-10:

Welche Gedanken gingen Ihnen vor der Angst durch den Kopf?

Welche Reaktion erfolgte, wie z.B. Flucht, Aushalten oder Vermeidung?

Was haben Sie in diesem Moment dagegen unternommen?

(Beschreiben Sie, was Sie unternommen haben, um Ihren Angstzustand zu verringern)

Notieren Sie bitte 3 Dinge, was Sie am heutigen Tag schön fanden:

Wenn Ihre heutige Angst kognitiv (durch Gedanken) ausgelöst wurde oder durch körperliche (physiologisch) Symptome - was können Sie tun, damit es morgen besser wird und Sie sich nicht mehr einem Stress ausgesetzt fühlen?

_________________, den_________________________

Aufgestanden um:

Gemütslage:

(Notieren Sie Ihr Wohlbefinden auf einer Skala von 1 (schlecht) bis 10 (sehr gut)

Gedanken:

(Welche Gedanken gingen Ihnen vor dem Einschlafen durch den Kopf?)

Grundanspannung: _________

(Tragen Sie die heutige Stärke Ihrer Anspannung ein, zwischen 1 (sehr extrem) bis10 (keine spürbare Anspannung)

Was könnte der Auslöser für die heutige spürbare Angst gewesen sein? (Stress? Ungewohnte Situation? ...?)

Kam sie kognitiv (Psyche) oder physiologisch (körperliche Symptome) spürbar zuerst?

Die gefühlte Intensivität auf einer Skala 1-10:

Welche Gedanken gingen Ihnen vor der Angst durch den Kopf?

Welche Reaktion erfolgte, wie z.B. Flucht, Aushalten oder Vermeidung?

Was haben Sie in diesem Moment dagegen unternommen?

(Beschreiben Sie, was Sie unternommen haben, um Ihren Angstzustand
zu verringern)

Notieren Sie bitte 3 Dinge, was Sie am heutigen Tag schön fanden:

Wenn Ihre heutige Angst kognitiv (durch Gedanken) ausgelöst wurde
oder durch körperliche (physiologisch) Symptome - was können Sie tun,
damit es morgen besser wird und Sie sich nicht mehr einem Stress
ausgesetzt fühlen?

_______________, den_____________________________

Aufgestanden um:

Gemütslage:

(Notieren Sie Ihr Wohlbefinden auf einer Skala von 1 (schlecht) bis 10 (sehr gut)

Gedanken:

(Welche Gedanken gingen Ihnen vor dem Einschlafen durch den Kopf?)

Grundanspannung: _________

(Tragen Sie die heutige Stärke Ihrer Anspannung ein, zwischen 1 (sehr extrem) bis10 (keine spürbare Anspannung)

Was könnte der Auslöser für die heutige spürbare Angst gewesen sein? (Stress? Ungewohnte Situation? ...?)

Kam sie kognitiv (Psyche) oder physiologisch (körperliche Symptome) spürbar zuerst?

Die gefühlte Intensivität auf einer Skala 1-10:

Welche Gedanken gingen Ihnen vor der Angst durch den Kopf?

Welche Reaktion erfolgte, wie z.B. Flucht, Aushalten oder Vermeidung?

Was haben Sie in diesem Moment dagegen unternommen?

(Beschreiben Sie, was Sie unternommen haben, um Ihren Angstzustand
zu verringern)

Notieren Sie bitte 3 Dinge, was Sie am heutigen Tag schön fanden:

Wenn Ihre heutige Angst kognitiv (durch Gedanken) ausgelöst wurde
oder durch körperliche (physiologisch) Symptome - was können Sie tun,
damit es morgen besser wird und Sie sich nicht mehr einem Stress
ausgesetzt fühlen?

______________, den______________________

Aufgestanden um:

Gemütslage:

(Notieren Sie Ihr Wohlbefinden auf einer Skala von 1 (schlecht) bis 10 (sehr gut)

Gedanken:

(Welche Gedanken gingen Ihnen vor dem Einschlafen durch den Kopf?)

Grundanspannung: _______

(Tragen Sie die heutige Stärke Ihrer Anspannung ein, zwischen 1 (sehr extrem) bis10 (keine spürbare Anspannung)

Was könnte der Auslöser für die heutige spürbare Angst gewesen sein? (Stress? Ungewohnte Situation? …?)

Kam sie kognitiv (Psyche) oder physiologisch (körperliche Symptome) spürbar zuerst?

Die gefühlte Intensivität auf einer Skala 1-10:

Welche Gedanken gingen Ihnen vor der Angst durch den Kopf?

Welche Reaktion erfolgte, wie z.B. Flucht, Aushalten oder Vermeidung?

Was haben Sie in diesem Moment dagegen unternommen?

(Beschreiben Sie, was Sie unternommen haben, um Ihren Angstzustand
zu verringern)

Notieren Sie bitte 3 Dinge, was Sie am heutigen Tag schön fanden:

Wenn Ihre heutige Angst kognitiv (durch Gedanken) ausgelöst wurde
oder durch körperliche (physiologisch) Symptome - was können Sie tun,
damit es morgen besser wird und Sie sich nicht mehr einem Stress
ausgesetzt fühlen?

_____________________, den_____________________________

Aufgestanden um:

Gemütslage:

(Notieren Sie Ihr Wohlbefinden auf einer Skala von 1 (schlecht) bis 10 (sehr gut)

Gedanken:

(Welche Gedanken gingen Ihnen vor dem Einschlafen durch den Kopf?)

Grundanspannung: _________

(Tragen Sie die heutige Stärke Ihrer Anspannung ein, zwischen 1 (sehr extrem) bis10 (keine spürbare Anspannung)

Was könnte der Auslöser für die heutige spürbare Angst gewesen sein? (Stress? Ungewohnte Situation? …?)

Kam sie kognitiv (Psyche) oder physiologisch (körperliche Symptome) spürbar zuerst?

Die gefühlte Intensivität auf einer Skala 1-10:

Welche Gedanken gingen Ihnen vor der Angst durch den Kopf?

Welche Reaktion erfolgte, wie z.B. Flucht, Aushalten oder Vermeidung?

Was haben Sie in diesem Moment dagegen unternommen?

(Beschreiben Sie, was Sie unternommen haben, um Ihren Angstzustand
zu verringern)

Notieren Sie bitte 3 Dinge, was Sie am heutigen Tag schön fanden:

Wenn Ihre heutige Angst kognitiv (durch Gedanken) ausgelöst wurde
oder durch körperliche (physiologisch) Symptome - was können Sie tun,
damit es morgen besser wird und Sie sich nicht mehr einem Stress
ausgesetzt fühlen?

_________________, den_____________________

Aufgestanden um:

Gemütslage:

(Notieren Sie Ihr Wohlbefinden auf einer Skala von 1 (schlecht) bis 10 (sehr gut)

Gedanken:

(Welche Gedanken gingen Ihnen vor dem Einschlafen durch den Kopf?)

Grundanspannung: _________

(Tragen Sie die heutige Stärke Ihrer Anspannung ein, zwischen 1 (sehr extrem) bis10 (keine spürbare Anspannung)

Was könnte der Auslöser für die heutige spürbare Angst gewesen sein? (Stress? Ungewohnte Situation? …?)

Kam sie kognitiv (Psyche) oder physiologisch (körperliche Symptome) spürbar zuerst?

Die gefühlte Intensivität auf einer Skala 1-10:

Welche Gedanken gingen Ihnen vor der Angst durch den Kopf?

Welche Reaktion erfolgte, wie z.B. Flucht, Aushalten oder Vermeidung?

Was haben Sie in diesem Moment dagegen unternommen?

(Beschreiben Sie, was Sie unternommen haben, um Ihren Angstzustand zu verringern)

Notieren Sie bitte 3 Dinge, was Sie am heutigen Tag schön fanden:

Wenn Ihre heutige Angst kognitiv (durch Gedanken) ausgelöst wurde oder durch körperliche (physiologisch) Symptome - was können Sie tun, damit es morgen besser wird und Sie sich nicht mehr einem Stress ausgesetzt fühlen?

______________, den_________________________

Aufgestanden um:

Gemütslage:

(Notieren Sie Ihr Wohlbefinden auf einer Skala von 1 (schlecht) bis 10 (sehr gut)

Gedanken:

(Welche Gedanken gingen Ihnen vor dem Einschlafen durch den Kopf?)

Grundanspannung: ________

(Tragen Sie die heutige Stärke Ihrer Anspannung ein, zwischen 1 (sehr extrem) bis10 (keine spürbare Anspannung)

Was könnte der Auslöser für die heutige spürbare Angst gewesen sein? (Stress? Ungewohnte Situation? …?)

Kam sie kognitiv (Psyche) oder physiologisch (körperliche Symptome) spürbar zuerst?

Die gefühlte Intensivität auf einer Skala 1-10:

Welche Gedanken gingen Ihnen vor der Angst durch den Kopf?

Welche Reaktion erfolgte, wie z.B. Flucht, Aushalten oder Vermeidung?

Was haben Sie in diesem Moment dagegen unternommen?
(Beschreiben Sie, was Sie unternommen haben, um Ihren Angstzustand zu verringern)

Notieren Sie bitte 3 Dinge, was Sie am heutigen Tag schön fanden:

Wenn Ihre heutige Angst kognitiv (durch Gedanken) ausgelöst wurde oder durch körperliche (physiologisch) Symptome - was können Sie tun, damit es morgen besser wird und Sie sich nicht mehr einem Stress ausgesetzt fühlen?

_____________, den_____________________

Aufgestanden um:

Gemütslage:

(Notieren Sie Ihr Wohlbefinden auf einer Skala von 1 (schlecht) bis 10 (sehr gut)

Gedanken:

(Welche Gedanken gingen Ihnen vor dem Einschlafen durch den Kopf?)

Grundanspannung: _________

(Tragen Sie die heutige Stärke Ihrer Anspannung ein, zwischen 1 (sehr extrem) bis10 (keine spürbare Anspannung)

Was könnte der Auslöser für die heutige spürbare Angst gewesen sein? (Stress? Ungewohnte Situation? …?)

Kam sie kognitiv (Psyche) oder physiologisch (körperliche Symptome) spürbar zuerst?

Die gefühlte Intensivität auf einer Skala 1-10:

Welche Gedanken gingen Ihnen vor der Angst durch den Kopf?

Welche Reaktion erfolgte, wie z.B. Flucht, Aushalten oder Vermeidung?

Was haben Sie in diesem Moment dagegen unternommen?

(Beschreiben Sie, was Sie unternommen haben, um Ihren Angstzustand
zu verringern)

Notieren Sie bitte 3 Dinge, was Sie am heutigen Tag schön fanden:

Wenn Ihre heutige Angst kognitiv (durch Gedanken) ausgelöst wurde
oder durch körperliche (physiologisch) Symptome - was können Sie tun,
damit es morgen besser wird und Sie sich nicht mehr einem Stress
ausgesetzt fühlen?

_________________, den_____________________________

Aufgestanden um:

Gemütslage:

(Notieren Sie Ihr Wohlbefinden auf einer Skala von 1 (schlecht) bis 10 (sehr gut)

Gedanken:

(Welche Gedanken gingen Ihnen vor dem Einschlafen durch den Kopf?)

Grundanspannung: _________

(Tragen Sie die heutige Stärke Ihrer Anspannung ein, zwischen 1 (sehr extrem) bis10 (keine spürbare Anspannung)

Was könnte der Auslöser für die heutige spürbare Angst gewesen sein? (Stress? Ungewohnte Situation? …?)

Kam sie kognitiv (Psyche) oder physiologisch (körperliche Symptome) spürbar zuerst?

Die gefühlte Intensivität auf einer Skala 1-10:

Welche Gedanken gingen Ihnen vor der Angst durch den Kopf?

Welche Reaktion erfolgte, wie z.B. Flucht, Aushalten oder Vermeidung?

Was haben Sie in diesem Moment dagegen unternommen?

(Beschreiben Sie, was Sie unternommen haben, um Ihren Angstzustand
zu verringern)

Notieren Sie bitte 3 Dinge, was Sie am heutigen Tag schön fanden:

Wenn Ihre heutige Angst kognitiv (durch Gedanken) ausgelöst wurde
oder durch körperliche (physiologisch) Symptome - was können Sie tun,
damit es morgen besser wird und Sie sich nicht mehr einem Stress
ausgesetzt fühlen?

Impressum

1. Auflage
Copyright 2024 – Marc Netzer
&
Alexandra Josephine Südlauer-Heyer

Alle Rechte vorbehalten.
Das Werk darf - auch teilweise - nur mit Genehmigung des Verlags vervielfältigt werden.

ISBN: 978-3-98935-591-0

Lucid Page Media (ein Imprint der Orbita Media GmbH)
Ericusspitze 4
20457 Hamburg
Deutschland

kontakt@lucidpagemedia.de

Cover-gestaltung: Marius Hirscher
Illustrationen: Bubert Art
Satz und Gestaltung: tigaboys